I0711988

A. Toledano de Diego

La España Periférica

A. Toledano de Diego

Primera Edición Diciembre 2020

Diseño de Portada ATdD

Registro de la propiedad intelectual 09-RTPI-01995.2/2021

Hecho en Madrid – España

"Este libro ha sido escrito de manera espontánea, tal como fluían las ideas, sin ser escrito por "un negro", ni maquetado, ni pasado por un revisor ortográfico. De forma que todos los errores que puedan hallar en él, deberán quedar supeditados a la frescura de la escritura".

Prefacio

Este libro es un resumen del fenómeno de los nacionalismos periféricos que hay en España. Tratando de explicar sus causas y motivos que les han hecho seguir creciendo.

Abordando las particularidades de cada uno de ellos y las consecuencias que han ido desarrollando en el futuro del país. Pues está claro que cuando se creó la Constitución de 1978, habiendo dado unas de las cuotas más altas de autonomía en el mundo, con el fin de satisfacer las injusticias padecidas por la dictadura y atender a las reivindicaciones de las llamadas nacionalidades históricas, jamás se imaginó que esto sería un suma y sigue infinito.

Explicando las razones que se les han ido escapando a nuestros gobernantes, que con sus cesiones constantes, han acostumbrado a los nacionalismos históricos, a aplicar el dicho, ***quien no llora no mama.***

Con las consecuentes problemáticas derivadas de ese tira y afloja constante, que ha llevado al hartazgo a parte de la población. Como se explicará más adelante. Y a crecer mucho más las reivindicaciones por la otra parte de la población también.

Espero que con este resumen, se llegue a tener una mejor y mayor percepción del problema de los nacionalismos periféricos. Para que se haga entendible al lector, sin tener que marear al lector con un relato demasiado extenso, que lo haga cansino.

Prólogo

En este libro de manera condensada, explicaremos el fenómeno de los nacionalismos periféricos que tanto han sacudido a España a través de la historia.

Llegándose a la conclusión, que lo que en su día se hizo, con la idea de que la cesión de competencias iba mermar las reivindicaciones de esos nacionalismos, el tiempo ha demostrado que no ha sido así, al revés se han incrementado mucho más, con esa política del Estado de *pide y cede.*

Pero el paso del tiempo ha demostrado que ha sido así. Los nacionalismos periféricos, han ido de demanda en demanda consecutivamente. No entendiéndose bien, que el Estado, no haya sabido hacer su papel, de que no se puede estar cediendo continuamente transferencias Y dárselo por entendido a los diferentes nacionalismos del Estado.

Los partidos mayoritarios no han sabido jamás dar muestras del interés del Estado por encima de los intereses partidistas. Cosa que ha provocado que siempre que se ha querido formar el Gobierno del Estado, por no saber respetar la lista más votada, como la que tiene el derecho de gobernar. Eso ha creado el *caldo de cultivo* a pedir de boca para los nacionalismos. Ya que ha hecho depender a todos los gobiernos del Estado, de tener como cómplices a esos nacionalismos periféricos.

Que como es obvio, su *modus vivendi* es la reivindicación permanente, de lo contrario perderían su razón de existir. Y las cesiones se han ido produciendo, hasta llegar a la alarmante situación de que el Estado se encontrará con un momento, en que no les quede nada más que ceder.

Con lo cual los nacionalismos se habrán encontrado con el fondo de sus reclamaciones, que es la independencia del Estado. Ya que éste con su política de cesiones, lo que ha provocado ha sido, la independencia a plazos.

Las causas de los nacionalismos

Los nacionalismos periféricos, hacen referencia a los nacionalismos y regionalismos que existen en España. Que reivindican las particularidades históricas, lingüísticas, inclusive hasta étnicas, que les hace luchar por tener una identidad diferenciada. Dentro de éstos, los hay que son simplemente regionalistas autonomistas y los que se consideran que son una nación, que son independentistas.

Sus orígenes se podrían definir que lo han tenido entre el siglo XVIII y XIX. Principalmente en éste último, en que el fervor nacionalista se extendió por toda Europa, en el derecho que esgrimían muchos pueblos a su derecho de autodeterminación, que estaban integrados en los imperios austro-húngaro, otomano y ruso; etc. En que convivían idiomas, razas y religiones diferentes. De los cuales, algunos habían sido naciones independientes en el pasado.

Pero ese fervor nacionalista se extendió como un reguero de pólvora por otras naciones, que sin constituir un imperio en Europa, si poseían territorios que se vieron contagiados por esa soflama nacionalista. Y como ejemplos tenemos la unificación de Alemania e Italia. Países los cuales se unificaron en el siglo XIX. Ya que si habían compartido sus distintos territorios, idioma, cultura, religión; etc. Sin embargo su unidad política solo se concretó a finales del siglo XIX.

Con el final de la primera guerra mundial, surgieron nuevos países en Europa, que ya habían sido independientes en el pasado y otros de nueva creación. Recobraron su independencia, Polonia, Lituania, Irlanda, Austria, Hungría. Surgieron Finlandia, Letonia, Estonia, Checoslovaquia, Yugoslavia, etc.

Por desgracia, así como con el final de la 1ª guerra mundial surgieron nuevos estados para suplir la necesidad de que distintos pueblos tuviesen unas fronteras que se ajustasen a su realidad sociocultural; no se aprovechó para que otros pueblos tuviesen el mismo trato. Dejando latentes muchos contenciosos, que en lugar de arreglarse por la lógica se arreglaron en favor a los vencedores de la contienda. Caldo de cultivo que sirvió de pretexto para la deflagración de la 2ª guerra mundial.

Y España no fue una excepción y los nacionalismos, catalán, gallego y vasco se sintieron atraídos por ese sentimiento reivindicativo, aunque pertenecían al Estado unificado más antiguo de Europa.

Pero esa corriente con cierto grado de romanticismo, acentúo esa corriente de que ellos también tenían el mismo derecho que esas otras naciones que habían surgido. Empezando esa lucha entre los partidarios de mantener la unidad de la nación y los disgregadores, que creían que España era una anomalía.

El nacionalismo catalán

Para buscar los orígenes más lejanos del nacionalismo en Cataluña, nos tenemos que ir al 16 de Enero de 1716, con el decreto de Nueva Planta de Cataluña, promulgado por Felipe V. Con él, se derogaron las constituciones catalanas y la supresión del Principado.

A partir de ahí en la sociedad catalana se empezó a larvar el concepto de que Cataluña era una nación, en base a los derechos históricos, cultura y derecho catalán.

En algunos sectores irrendentistas catalanes, el concepto catalanista abarca más allá del territorio de Cataluña, incluyendo la región de Valencia y las islas Baleares y el Rosellón francés. Conformando lo denominado por ellos, los países catalanes.

Esa corriente se consolidó ideológicamente a finales del siglo XIX, que había surgido como movimiento cultural en 1830. En lo que se podría denominar *catalanismo*, término que empezó a ser usado entre 1870 y 1871 por los miembros de Jove Catalunya y la revista La Renaixensa.

En esa evolución nacional cultural, surgieron los símbolos del catalanismo, como la asignación de la bandera *quatre barres* de Aragón 1880, el himno *Els Segadors*, día de la patria 11 Septiembre 1886, la danza nacional *La Sardana* 1892 y los dos patrones de Cataluña, *la virgen de Montserrat* 1881 y *Sant Jordi* 1885.

Entre el fin del siglo XIX y el advenimiento del siglo XX, surgieron destacadas personalidades catalanas, como Francisco Cambó, de ideología conservadora y catalanista, cofundador de la Liga Regionalista, que llegaría a ser diputado en Cortes, varias veces. Durante la guerra civil que le sorprendió navegando en su yate por el Mediterráneo, tomo partido por los sublevados, ya que consideraba que lo que ofrecían los de izquierdas era mucho peor. Apoyando económicamente al bando de Franco, cosa de la que se vino a arrepentir años después, permaneció sin regresar a España, muriendo en Buenos Aires (Argentina) en 1947. Otro fue Enric Prat de la Riba, fue un político y escritor, considerado uno de los padres del nacionalismo catalán. Valenti Almirall, considerado fundador del catalanismo político; etc.

 Y Pompeu Fabra, conocido por haber establecido la normativa moderna de la lengua catalana. Con el objeto de diferenciar al máximo el catalán del castellano, en sus normas de la gramática y ortografía moderna. Saltándose la lógica lingüística de la lengua que hablaba el pueblo, para imponer su criterio furibundo nacionalista. Puesto que ya tiene lo suyo que fuese un ingeniero, el que impusiese las normas del llamado catalán normalizado, en lugar de un lingüista académico.

Dándole una forma exótica, donde se trataba de desterrar cualquier palabra o forma del castellano que estaban en el idioma catalán, puesto que ambas lenguas las habían compartido en su evolución. Haciendo de la lengua la bandera del separatismo y odio al resto de España. Imponiendo que en el catalán, había que usar formas arcaizantes que ya habían caído en desuso en ambas lenguas. Como por ejemplo reintroducir, que en catalán había que usar aquesta, aquesto y aqueste, cuando dichas formas habían sido comunes en el castellano y catalán, con tal de lograr el máximo hecho diferencial. O seguir usando " i " en catalán entre los dos apellidos, la misma " y" que se usaba igual en castellano, pero que había caído en desuso. Vamos, según su visión, había que erradicar del idioma catalán, todas aquellas palabras que él consideraba que eran una contaminación del castellano. Pero que todo fuera por reforzar el hecho diferencial lingüístico. Nada extraño de un señor que fue el impulsor de **"por la conservación de la raza catalana"**, en ese manifiesto proponía que en el que participasen todas aquellas figuras socio científicas **"en esa labor humanitaria y patriótica de asentar las bases científicas de una política catalana de población"**.

Conforme a las corrientes eugenésicas de la época, vamos un racista en toda regla.

Tuvo varios escritores detractores de la reforma lingüística *fabriana*, ya que la consideraban un ataque a la verdadera lengua catalana. Pues la lengua es aquella que emplea el pueblo. Ya que en lugar de unificar una reforma gramatical, de la lengua hablada por el pueblo, buscó sacar del baúl todo aquello que ya no se usaba, obligando al pueblo a desterrar palabras de uso corriente, solo por ser usadas en castellano. Ataque que bautizaron como **"Decreto de Nueva Planta Lingüística"** ya que dicha reforma, tenía más de política que de lingüística. Aunque la verdad es, que poco se le podía pedir a un señor que era de formación ingeniero. Y en base a su formación, donde las humanidades escasean, solo imperó el criterio de ciencias.

El Gobierno conservador de Eduardo Dato, aprobó en 1913 la creación de la Mancomunidad de Cataluña, una especie de gobierno autónomo que englobaba las cuatro diputaciones provinciales, dirigida por la Liga.

Poco antes de la dictadura de Primo de Rivera, surge el primer partido independentista *Estat Català*, fundado por Francesc Macià. Lo que daría pie a la creación de *los escamots* brazo paramilitar del partido.

En 1926, intentó una invasión desde Francia, llamado complot de Prats de Molló. Que fracasó rotundamente, creyendo que dicha invasión iba a espolear al pueblo catalán en una insurrección contra el resto de España.

Acabada la dictadura de Primo de Rivera, *Estat Català* se integró junto a otros partidos en la creación de ERC, partido que fue hegemónico durante la II República en Cataluña.

El 17 de Abril de 1931, tres días después de la proclamación de la II República, se restauró la Generalidad, como órgano provisional del gobierno de Cataluña.

En 1934, Lluis Companys, instauró en el marco insurreccional de Octubre el *Estat Català,* dentro de la república española. El fracaso de la revuelta, mitificaría como mártires a Lluis Companys y Jaume Compte. Que fueron encarcelados. Con motivo de la victoria del Frente Popular en las elecciones de 1936, se decretó la amnistía para Lluis Companys y muchos otros catalanes que habían sido detenidos por actividades políticas e insurrectas.

El 18 de Julio de 1936, hay el alzamiento militar de parte del ejército sublevado contra el gobierno de la república. Empezando una fase cruenta en toda España. Donde todo aquel empuje social que quería sacar a España del oscurantismo, se vio ahogado. Sumiendo al país en una guerra civil que duró casi tres años. En el que triunfó el oscurantismo conservador, gracias al fuerte apoyo militar de Alemania e Italia. Donde hubo injerencias extranjeras, por ambos bandos. Por parte de las potencias fascistas, se envió a la Legión Cóndor, para correr con bombardear las plazas republicanas, por parte de Alemania, mientras que Italia envió al Cuerpo Expedicionario para apoyar el ejército de tierra de los sublevados.

Viéndose la II República acorralada, por la negativa de Francia y Gran Bretaña de apoyar con armamento, argumentando el acuerdo al que habían llegado, de que no inmiscuyesen países ajenos. Cosa que por supuesto Alemania e Italia, incumplieron descaradamente, burlando dicho acuerdo. No le quedó al bando republicano a echarse en las manos de la URSS, único país que estaba dispuesto a venderle armamento.

La URSS a través del Comité Internacional Comunista, fomentó la creación de las Brigadas Internacionales, brigadas formadas por voluntarios de todo el mundo dispuestos a luchar contra el fascismo que se cernía sobre España.

Enviando también al bando republicano asesores militares para la formación de dichas brigadas y asesorar en el uso del armamento vendido por la URSS. La II República para asegurarse que siguiese llegando el suministro de armamento, ofreció garantías a la URSS, trasladando a Moscú, el 72% de las reservas en Oro del Banco de España.

Aunque con la llegada del armamento vendido por la URSS y las Brigadas Internacionales, parecía que se podría equilibrar la balanza, no fue así. Ya que uno de los males endémicos de la II República era no contar con un ejército con mando unificado. Y aunque se intentó después de los incontables reveses militares, de imponer un mando único, la anarquía de ir por libre de varias milicias, acabó por favorecer al bando de los sublevados.

 Finalizando la guerra civil, salen por los Pirineos los restos del ejército de republicano en Cataluña y las autoridades de la Generalidad. Siendo desarmados por Francia e internados los militares y civiles que habían cruzado los Pirineos en campos de internamiento.

Al final, meses después acabó sucediendo lo que tanto la premonición indicaba que creían que pasaría el Gobierno de la II República, motivo por el cuál Juan Negrín intentó prolongar la guerra con esa esperanza. Cosa que fue impedida por el Golpe del Coronel Casado el 5 de Marzo de 1939, que veía inútil proseguir con la resistencia, por una causa perdida. Destituyendo al último Gobierno de la República.

Consagrándose como vencedores los sublevados, a pesar de la II República aún conservaba un 25% del territorio en su poder. Iniciando la ofensiva sobre Madrid, después de negociaciones con el Coronel Casado, en colaboración de la redes de espionaje franquista, la Quinta Columna de Madrid e innumerables personalidades republicanas, como Julián Besteiro (PSOE), Wenceslao Carrillo (UGT), Cipriano Mera (CNT) y el General Miaja; etc.

Con el estallido de la Segunda Guerra Mundial, Lluis Companys es detenido por los alemanes que invaden Francia y es entregado a España a requerimiento de Francisco Franco. Siendo sometido a un juicio sumarísimo y ajusticiado en Montjuic.

Se forma un gobierno de la Generalidad en el exilio, que se mantuvo durante todo el tiempo que duró la dictadura de Franco. A la muerte de éste, con la transición democrática, se reconoce a la Generalidad como representante del gobierno catalán, con Josep Tarradellas como líder.

Con la victoria de Convergència i Unió en las elecciones de 1980, Josep Tarradellas da paso a Jordi Pujol. No sin dejar de mostrar sus reticencias sobre el mismo. Ya que no veía en él la figura de un catalán que buscaba el autonomismo integrador, sino la confrontación radical del independentismo. Y el tiempo vino a confirmar que las sospechas de Tarradellas, tenían gran fundamento. Ya que Jordi Pujol, optó por la confrontación como forma de lograr la implantación del catalanismo, en lugar de la opción de Josep Tarradellas, que era la de la convivencia e integración, dejando atrás el revanchismo. O sea, que el catalán fuese penetrando en la sociedad, no de forma impositiva sino asimilativa de forma natural.

Jordi Pujol, que trabajaba en la banca, pronto se alió con la burguesía catalana para empezar su proyecto rupturista. Organizando un sistema mafioso de recaudación a través del llamado 3%. Como forma de financiar todo el aparato político que iría extendiendo los tentáculos en todos los resortes de poder político, económico y social.

El nacionalismo vasco

Las manifestaciones del nacionalismo vasco, se puede decir que tuvo sus inicios aunque de una manera difusa, en el siglo XIII. Dónde empezaron a manifestarse los primeros conatos diferenciadores. En que el pueblo vasco empezó a identificarse como nación, por sus características raciales, de idioma y cultura.

Ha tenido tres corrientes, el regionalismo, el autonomismo e independentismo.

La primera guerra carlista, que defendía la conservación de los fueros, el fin de la guerra lo propició el *convenio de Vergara.* Donde surgen los *fueristas*, que apuestan por mantener los fueros de Álava, Vizcaya y Guipúzcoa. La segunda guerra carlista no fue por culpa de los fueros en vascongadas y Navarra, sino el anticlericalismo del *sexenio democrático,* final de la tercera guerra *carlista, Cánovas del Castillo* deroga los fueros de las provincias vascas por haber permitido el triunfo de los *carlistas.* La postura fuerista, se radicalizó en 1876, dando paso al nacionalismo independentista.

Sabino Arana, es considerado el padre del nacionalismo vasco. Los hermanos Sabino y Luis Arana, son los creadores de la ikurriña, bandera inspirada en la de la unión Jack del imperio británico. Que ya tiene lo suyo, que un fervoroso nacionalista, admirase al mayor imperio colonialista del siglo XIX. Y tal era su admiración por los colonialistas, que asumió que lo mejor para identificar al pueblo vasco era, copiar la bandera represora de tantos pueblos en el mundo. Cuando él propugnaba el derecho de los pueblos a su autodeterminación. Pero así son las cosas en la política, donde la lógica y coherencia brilla por su ausencia. Aunque también todo hay que decirlo, que mucha gente quizá, ni sabe de dónde se creó la bandera del País Vasco.

Que gran contradicción, que fuese un entusiasta del Imperio Británico un nacionalista, que abogaba por la independencia de País Vasco. Gran propulsor de la identidad vasca, a pesar de fallecer a los 38 años, pero dejó bien enraizados los conceptos de raza, idioma, etc. Era un racista en toda regla, que consideraba a todos aquellos que no fueran vascos, *maketos.* A los que consideraba un peligro, ya que la llegada ingente de ellos, podía poner en peligro la identidad vasca. Para él, los inmigrantes eran los odiados invasores que representaban la destrucción de los modos de vida tradicionales vascos.

A los *maketos,* los consideraba también los genuinos representantes de la mezquindad, inferioridad étnica y cultural española. En su actitud supremacista, de creerse que los vascos eran una raza superior a los demás pueblos que habitaban la península ibérica.

El País Vasco estaba compuesto por Vizcaya, Guipúzcoa, Álava, Navarra, al sur de los Pirineos y Benabarra, Lapurdi y Zuberoa al norte de los Pirineos. En esa confederación quedarían excluidos los *maketos*, Ya que son según él los culpables de todos los males del pueblo vasco. Puesto que esa escoria, era la responsable de todos los males de los vascos, contaminados por esa raza considerada inferior que poblaba el resto de la península.

De ahí que ser considerado **"maketo"** en el País Vasco, es una deshonra que muchos tratan de ocultar, en el caso de tener un apellido vasco y otro no vasco, obviará que figure como tal, sustituyéndolo por la inicial y un punto. De cara a la galería lo negarán, pero la realidad social es esa. Si Sabino Arana resucitase, se horrorizaría de ver la cantidad de **"maketos"** que contaminan la política de la sociedad vasca.

De ahí que haya enraizado en la sociedad vasca el concepto despectivo con los términos **"maketos"**, para todo aquél que no puede demostrar su pureza genética con los ocho apellidos vascos. O también **"españolazo"** para todo aquel que no tenga ideas políticas supremacistas vascas.

De tal manera, que ya puede haber sido tu tatarabuelo el que emigró en su día al País Vasco, que como no seas de raíces vascas genéticas, para esos supremacistas seguirás siendo un **"maketo."**

Ser **"maketo"** en el País Vasco es como pertenecer a la casta de los intocables. Lo que ha provocado un gran complejo en muchas personas.

De manera que algunos obvian el apellido que tengan, no vasco, con la inicial y un punto, resaltando a la vista el apellido vascuence.

Eso ha llegado hasta tal punto que ha habido gente que ha cambiado en sus documentos su lugar de nacimiento, para no quedar marcado.

EUSKAL HERRIA

Funda en 1894 el primer batzoki, un centro nacionalista muy cerrado, debido a su rigidez para tener acceso. Solo podían hacer parte de él, aquellos vascos que tuvieran 14 apellidos vascos. Éste fue el embrión del PNV (Eusko Alberdi Jeltzalea EAJ-PNV) fundado en la clandestinidad el 31 de Julio 1895.

En 1903 fallece Sabino Arana, por problemas de salud, desatándose una crisis en el nacionalismo vasco, transcurriendo una etapa en que inclusive se llegó a temer que pudiese desaparecer el nacionalismo vasco. Así transcurrieron esos años con enfrentamientos entre nacionalistas y carlistas, que llegaron a ser violentos.

En 1921 se instaura la dictadura de Primo de Rivera, produciéndose la primera gran división en el partido, con el nacimiento de Acción Nacionalista Vasca (EAE-ANV). Partido nacionalista de izquierdas.

El nacionalismo se fue poco a poco volviendo más radical y en el fondo abraza las ideas racistas de su fundador, Sabino Arana. Que bebiendo de las fuentes de la eugenesia del siglo XIX, fundamentó la idea de la superioridad de la raza vasca.

Nacionalismo gallego

El nacionalismo gallego, es una corriente que propugna el derecho de autodeterminación de Galicia, como una nación. Basada al igual que los otros nacionalismos ibéricos, en la lengua propia, la cultura; etc. Fue más tardío que el catalán y el vasco y empezó a reivindicarse con más fuerza en el siglo XIX.

Desde el punto político el nacionalismo gallego reivindica como área política, las cuatro provincias gallegas, La Coruña, Lugo, Orense y Pontevedra, más la llamada la quinta provincia que abarca la región del Bierzo, las comarcas de Eo y Navia en Asturias y Puebla Sanabria en Zamora. Áreas estas, que quedaron fuera de Galicia cuando habían pertenecido desde la edad media. Pues son zonas que culturalmente tienen más de común con ésta.

El nacionalismo gallego denomina a Galicia, en gallego como Galiza. Dentro del nacionalismo, hay una rama que se deja confundir con el tiempo, con lo celta, considerándose ellos como los descendientes de éstos. Cuando en realidad, los celtas, estuvieron por toda la península ibérica, aunque hayan quedado quizá más manifestaciones castreñas de dicha cultura en esa zona.

De facto, cuando se habla de las naciones celtas, Escocia, Irlanda, Isla de Man, País de Gales, Cornualles, Bretaña, se suele incluir folclóricamente a Galicia. Por el uso musical de la gaita, al igual que las llamadas seis naciones celtas. Cosa que también ocurre en las regiones del mar cantábrico, como Asturias y la región de Cantabria. Sin embargo a diferencia de las llamadas naciones celtas, en Galicia no queda vestigio alguno del idioma celta, como si ocurre en mayor o menor medida en las otras llamadas naciones celtas. Sino que su variedad lingüística, el llamado idioma gallego, es de raíz latina.

En el siglo XIX, hubo manifestaciones literarias del galleguismo, después de siglos de silencio, con el *Rexurdimento* con su principal exponente en Rosalía de Castro, Curros Enríquez y Eduardo Pondal. Al principio del siglo XX, surgieron dos movimientos asociados al nacionalismo gallego, agrupados en un grupo de intelectuales como *la generación Nós* y las *irmandades da fala.*

En los que se integran escritores gallegos como Vicente Risco, Ramón Cabanillas, Daniel Castelao; etc.

Se puede establecer como el inicio del nacionalismo gallego políticamente en las *asambleas de las irmandades* en 1918 en Lugo. Donde se manifiesta, *teniendo Galicia todas las características de nacionalidad, nosotros nos nombramos, de hoy para siempre, nacionalistas gallegos, ya que la palabra regionalismo, no recoge todas las aspiraciones, ni encierra toda la intensidad de nuestros problemas.*

En 1922 se celebró en Monforte de Lemos, otra *asamblea de las irmandades da fala,* sugiendo dos corrientes, una que propugnaba la reivindicación política diferencial y otra cultural. Fundándose los Seminarios de Estudios Gallegos. Durante la dictadura de Primo de Rivera hubo un parón. Naciendo en 1929 la ORGA, de Santiago Casares Quiroga, organización gallega autonomista, republicana de izquierdas. Fuerza impulsora del pacto de Lestrove 1930, de la Federación Republicana Gallega, naciendo en 1931 el Partido Galleguista.

La proclamación de la II República

Tras el fracaso de la dictadura de Primo de Rivera (1923-1930), la monarquía quedó muy deslegitimizada al haber fracasado también la vuelta a la normalidad constitucional con el general Berenguer (1930-1931).

A seguir el comité revolucionario socialista, presidido por Alcalá Zamora, preparó la insurrección militar, arropada por una huelga general. Pero la huelga general no llegó a declararse y el pronunciamiento militar fracasó fundamentalmente, por qué los capitanes Fermín Galán y Ángel García Hernández sublevaron la guarnición de Jaca tres días antes de la fecha prevista. Fueron ambos sometidos a un sumarísimo consejo de guerra y fusilados.

Pero las ansias de libertad de la opresión y el oscurantismo en que se hallaba sumido el país, no hicieron más que rebrotar con más fuerza las reivindicaciones de la sociedad española.

En una insurrección popular de un pueblo que veía que había quedada anclada en un pasado arcaico.

Además de las reivindicaciones políticas y sindicalistas, hubo una apertura cultural, irradiando con fuerza en sus distintas manifestaciones, escritas, pictóricas, cine, teatro, música, etc. Probablemente en ese corto periodo de tiempo que duró la II República, haya sido donde mayor profusión hubo en todos los campos a lo largo del siglo XX:

Pero infelizmente con el alzamiento de los sublevados el 18 de Julio 1936, el país se vio sumido en una horrible guerra civil. Donde cualquier cosa servía de excusa para atizar al contrario.

Los sublevados fueron apoyados por las fuerzas fascistas, con hombres, aviación, armamento. Con el envío por Italia del Cuerpo Expedicionario, por Alemania la Legión Cóndor; etc. Apoyo sin el cual el ejército del Protectorado no habría podido cruzar el estrecho.

Por su parte el gobierno legítimo de la República, se vio privado de tal apoyo, puesto que aunque de manera soterrada al principio la ayudaron, con el paso del tiempo, con esa política de no intervención disimulada planteada por Gran Bretaña y Francia prohibieron la venta de armamento a la República, mientras Italia y Alemania burlaban la prohibición de la venta de armas a los sublevados. Con el bloqueo de puertos, para que no llegase armamento a España, no hacían más que complicarle aún más la vida a la República, puesto que los beligerantes encargados de vigilar sus respectivas zonas, hacían la vista gorda, dejando que siguiese llegando el armamento.

Ante tal tesitura, se ideó ayudar a la República en hombres, con la creación de las Brigadas Internacionales, que se nutrían de todos los antifascistas del mundo dispuestos a ayudar a la República y ésta, por su parte no le quedó otra más que echarse en las manos de la URSS, único proveedor que no se negaba a venderle armamento.

Y en ese experimento de enfrentamiento, se vio sumido el país, donde fascistas y comunistas, enseñaban sus estrategias, por un enfrentamiento global que se veía venir.

El caos

Uno de los mayores males, sino el mayor de la II República, fue la desorganización militar, que sin un mando único, se nutría el ejército de milicias de toda índole política, desde la derecha moderada republicana hasta el comunismo estalinista, pasando por la fuerte implantación del anarquismo.

Y como s obvio, ante semejante caos, los desastres militares fueron cayendo uno tras otro. Había demasiadas disparidades de estrategias, queriendo todo el mundo imponer la suya.

Con una tropa sin preparación militar, con un armamento escaso u obsoleto y una desorganización generalizada, no se veía más que una sangría constante, por parte del bando republicano.

Con la llegada de las Brigadas Internacionales, más el armamento que llegaba de la URSS, parecía que la cosa se iba ralentizando, albergando el bando republicano, que a partir de entonces, las cosas se podrían revertir.

Y la perdida de territorio y los desastres militares, hicieron replantear al bando republicano, que solo con un ejército unificado se podía plantar cara a los sublevados y acabar con esa sangría constante. Pues era evidente, que con tanto jefecillos de milicias, la derrota era una realidad.

Pero como es obvio, el bando de los sublevados estaba mucho mejor armado, por Alemania e Italia, con unas tropas curtidas en guerras del Protectorado y una disciplina militar única. Lo que hizo que poco a poco, aunque la República había intentado paliar los errores iniciales, éstos no se habían subsanado totalmente, siguiesen su progresión imparable.

Y con ello fueron sucediéndose las derrotas una tras otra, hasta que al final, un complot organizado por el Coronel Casado, destituyó al gobierno comunista de Negrín, que quería resistir a toda costa, pues tenía la esperanza que la deflagración de una guerra europea que se veía venir se produjera, salvando a la II República.

Todos aquellos del bando republicano que pudieron huir lo hicieron bien por los Pirineos o por barco en el puerto de Alicante, pero no había barcos para tal cantidad ingente de personas dispuestas a huir y allí se quedaron hasta ser apresados por los sublevados. Mientras que los que consiguieron cruzar los Pirineos, fueron confinados en campos de concentración.

La inmensa mayoría de los políticos se vieron obligados a huir a otros países, siendo Méjico el que más acogió de ellos. Otros se repartieron por distintos países, como Cuba, Argentina; etc. Se instauró en España una dictadura bajo el mando de Francisco Franco, que duró casi cuarenta años, hasta éste fallecer en 1975.

Iniciándose un aperturismo político de transición, con la proclamación de la Constitución de 1978 y el reconocimiento de las nacionalidades históricas en sus derechos.

Como en todo cambio político radical, se pasó de una inicial reivindicación atenuada pasando a una reivindicación radical, llegando hasta los postulados independentistas de algunos nacionalismos históricos. Y en esa marabunta de siglas políticas se fue asentando poco a poco la democracia en un país que había pasado por una larga dictadura, donde muchos derechos habían siso pisoteados.

El renacer de los nacionalismos

Ya en los últimos años de la dictadura franquista, los movimientos nacionalistas, empezaron a hacerse otra vez visibles. Siendo el caso de ETA, el más manifiesto desde 1959, radicalizado con la acción de los secuestros, atentados con coche bomba, acciones armadas; etc. Siendo su acción más importante, el atentado **"operación ogro",** contra el delfín de la dictadura Carrero Blanco, que fue enviado al cielo por un comando en Madrid. Refugiada la plana mayor en el sur de Francia, que hacía la vista gorda a sus acciones, como un apoyo a los movimientos anti dictadura. Empezó bajo el amparo de la iglesia del País Vasco, a desarrollarse un sentimiento cada vez más virulento, que fue germinando en el pueblo una mayor cohesión para la defensa de sus principios.

Hubo atentados, principalmente contra la guardia civil y a modo de sufragar el mantenimiento de la organización se creó el *impuesto revolucionario*, cuota que debían pagar los empresarios vascos de forma

voluntaria, ya que si no era así, se tenían que atener a sufrir atentados en sus instalaciones o inclusive llegar a tener que pagar con su propia vida.

Ya con la democracia instalada en el país, empezaron a hacer uso de los secuestros económicos, para conseguir sufragar una infraestructura cada vez más grande. Pues con ese dinero más el del *impuesto revolucionario*, ETA fue montando una infraestructura económica a través de sociedades legales, explotadas por los afines a la organización. El Estado ideó organizaciones creadas por él, para combatir a ETA, como el Batallón Vasco Español, los GAL; etc. En esa guerra sucia, a través de miembros de la policía, más mercenarios extranjeros, se empezó una escalada de secuestros y atentados contra miembros de ETA.

Pasando poco a poco a tener más importancia la implantación de ETA por la vía política con diversas organizaciones, siendo *Herri Batasuna*, la más notable. Apostando cada vez más por la lucha política que por la lucha armada, que en más de 40 años de acciones armadas, no había logrado la independencia del País Vasco, a pesar de haber matado a más de 800 personas.

En el caso catalán, surgió una organización que quiso copiar la acción armada de ETA, que fue TERRA LLIURE, que cometió más de 200 atentados terroristas, con un balance de 5 víctimas mortales, 4 de ellas miembros de la propia organización. Con una duración de 1978 hasta 1991, cuando se disolvió con unos resultados bastante pobres. Todos los presos de la organización fueron saliendo de las cárceles tras cumplir condena o ser indultados, de forma que para 1996 ya no había ninguno detenido.

En el caso gallego, también surgió una organización que quiso equipararse a lo que hacían ETA y TERR LLIURE, en sus respectivas comunidades, que fue RESISTENCIA GALEGA. Con un periodo de actividad de 1995 a 2013, cometieron más de 137 atentados y hubo la detención de 97 personas. Sus acciones eran contra bancos, empresas energéticas, cuerpos y fuerzas de seguridad del Estado; etc. Aunque no causaron ninguna víctima mortal.

Las nacionalidades históricas

Con el advenimiento de la democracia, los vientos nacionalistas empezaron a soplar otra vez con fuerza. En el caso catalán el gobierno en el exilio de la Generalitat presidido por Josep Tarradellas, desde 1954 a 1977 y en la Generalidad preautonómica de 1977 a 1980. Quien pronunció las célebres palabras desde el balcón de la Generalitat: *"ciutadans de Catalunya, ja sóc aquí"!* En referencia a que se había acabado la dictadura que había obligado a la Generalidad a estar en el exilio desde 1939. Josep Tarradellas, probablemente el último presidente que pudo ostentar con honra, el calificativo de honorable, no estaba conforme con lo que se estaba gestando en el nuevo nacionalismo y prueba de ello son sus palabras al periodista Julio Merino, cuando le preguntaron por Jordi Pujol: *"Señor Merino, yo de enanos y corruptos no hablo".* Ya que era consciente que su sucesor no era trigo limpio, como advirtiendo de lo que supondría esa persona.

El gobierno en el exilio del País Vasco, estuvo desde 1939 hasta 1960, gobernado por el Lehendakari Aguirre, hasta su muerte. Siendo reemplazado por Manuel Irujo. Siendo elegido después Jesús María Leizaola Sánchez desde 1960 hasta 1978 como predecesor del Consejo General Vasco, después hasta 1980, como Lehendakari.

En el caso de Galicia, como cayó en manos de los sublevados nada más producirse el alzamiento, no hubo posibilidad de instaurar un gobierno autónomo en el exilio, quedando reducido el exilio galleguista representado por su figura más destacada Alfonso Daniel Castelao, que fue ministro del Gobierno de la República en el exilio. Por lo tanto su representación a nivel autonómico internacional, fue simbólica en lo político.

Ese galleguismo, más cultural que político, se estableció básicamente en Argentina, donde los lazos culturales ya eran fuertes antes. Facto por el cual a los españoles en Argentina, se les conoce como "gallegos". Al ser la corriente mayoritaria procedente de España.

La muerte del dictador

El 20 de Noviembre de 1975, se anunció oficialmente la muerte de Franco. Que se le hizo resistir agónicamente, para que coincidiese su muerte con la fecha de fallecimiento de José Antonio Primo de Rivera, como si fuese una casualidad divina. Habiéndose dispuesto a voluntad del dictador, que el sucesor sería Juan Carlos I. Se inició una lenta transición del Movimiento hacia la Democracia, bajo la tutela de las fuerzas políticas, que eran antiguos miembros de gobiernos del dictador, con el ejército franquista vigilando de reojo. Así, Adolfo Suárez, Manuel Fraga Iribarne y un sin fin de antiguos colaboradores, fueron tutelando a la sombra el aperturismo político, hasta la aprobación de la Constitución de 6 de Diciembre de 1978. Donde quedó corroborado a recuperar sus instituciones las llamadas nacionalidades históricas, Cataluña, Galicia y País Vasco. Aunque fue aprobada la Constitución del 78, siempre quedó pendiente una antigua rémora del pasado, que fue la no consulta por parte del pueblo de si quería una república o monarquía después de la muerte del dictador.

De manera que la monarquía arrastra el lastre de haber sido impuesta por el dictador, en lugar de someterla a un referéndum, para así corroborar la

voluntad del pueblo. Ya que de por sí, lo normal es que se restituyese el sistema vigente después del alzamiento militar que desencadenó la guerra civil española. Lo que hubiera sido la restauración de la república a la muerte del dictador.

Empero, al menos lo mínimo hubiese sido realizar un referéndum como manera imparcial de legalizar si república o monarquía. Pero está claro que las fuerzas reaccionarias de la dictadura, aún detentaban mucho poder y tenían el temor seguramente, que de convocarse un referéndum triunfaría la opción por la república. Por lo tanto, la trampa que con la aprobación de la Constitución del 78 quedaba refrendada también la monarquía no es válida.

Mientras en ese pequeño lapsus de tiempo, toda la vieja guardia heredera de los tiempos de la segunda república, fueron siendo sustituidos por nuevos políticos, de talante no tan idealista como los anteriores. Dando paso a unos especuladores que vieron en la política una puerta abierta para acceder a los puestos que les permitiesen enriquecerse.

Jordi Pujol

Una de las figuras más importantes del nacionalismo catalán en activo durante el siglo XX y a la sombra durante el siglo XXI. Hombre de gran sagacidad política, supo unir sus convicciones políticas catalanistas, con sus conocimientos en la banca, para orquestar una trama de corrupción, que sirvió para financiar a CDC (Convergencia Democrática de Cataluña) el partido con el que consiguió instaurar su visión camuflada de independentista. Y de paso enriquecer mucho más a su familia.

La trama del 3% fue un escándalo de corrupción política en que se cobraban comisiones ilegales, alrededor de ese porcentaje. Delas obras públicas adjudicadas por la Generalitat de Convergencia y Unió (CIU).

En 2014 el llamado *honorable*, confesó que había ocultado más de 4 millones de euros a la Hacienda Pública, según él, herencia de su padre Florenci.

 Se lamentaba de nunca *haber encontrado* el momento para sacar a la luz dicho dinero. Momento que encontró cuando se aprovechó de una amnistía fiscal decreta por el Estado. Eso sí Jordi Pujos pidió perdón por sus actos, pero se rio en las narices de los gobernantes y siempre quedó en la duda de dónde había salido realmente ese dinero que al final consiguió blanquear. Y la corruptela familiar continúo con sus hijos, que se vieron envueltos en muchos escándalos económicos, por aquello de que el poder corrompe. Y los tentáculos de los Pujol se extendieron por Cataluña, a través presuntamente de las comisiones en la concesión de obras y servicios públicos. En un entramado sigilosamente entremezclado, que hacía muy difícil poner al descubierto.

Inclusive Pascual Maragall le espetó a Artur Mas, diciéndole, "ustedes tienen un problema y ese se llama el 3%. Pero el propio Pascual Maragall se tuvo que desdecir, ante las amenazas del lacayo de Jordi Pujol, de hacer descarrilar la reforma del Estatuto de Cataluña. Si seguía por ahí. Quedando la callada por respuesta al mayor sistema de corrupción política de Cataluña, como forma de sufragar a Convergencia y Unió. Partido sostén de todos esos políticos corruptos que aprovecharon el nacionalismo, para meter la mano y enriquecerse.

El café para todos

Cuando con el advenimiento de la democracia, el Estado empezó a delegar competencias en las comunidades autónomas, los demás territorios del Estado, no se sentían menos, para tener las mismas competencias. No sin razón, puesto que justamente Castilla – León, Castilla – La Mancha, Aragón y Navarra constituían los herederos de aquellos reinos que forjaron un país llamado España. Pero como es obvio, las mal llamadas nacionalidades históricas, no lo vieron con buenos ojos.

Ellas que jamás constituyeron un país, sino que fueron Condados catalanes, una dependencia del reino de Aragón; Vascongadas dependencia del reino de Navarra y Galicia dependencia del Reino de León. Especialmente Cataluña, cuyo presidente de la Generalitat era Jordi Pujol, que fue el que acuñó la famosa frase, **"Café para todos"**.

Pues en su forma de ver la política, consideraba que Cataluña se merecía un supremacismo por encima de los demás territorios del Estado. Pero claro a los ojos de un nacionalista extremo, esos delirios le hacían ver que un condado como Cataluña tenía más razón de ser que los reinos de Castilla, Aragón y Navarra.

 Que llegaron a forjar dos imperios uno en el Atlántico y el otro en el Mediterráneo.

Y a fuerza de tergiversar tanto la historia, la sociedad llegó a tener tal confusión que se creía todas esas burdas mentiras, que el nacionalismo les inculcaba.

Por eso cuando le entrevistaban a Jordi Pujol, tildaba la situación autonómica actual, como, **"un café para todos"**. Dónde se había visto que tuviesen los mismos derechos las otras regiones, que las mal llamadas nacionalidades históricas. Pues consideraba que era una injusticia que Cataluña fuese a ser tratada en las mismas condiciones que las demás regiones de poca monta.

Parece ser que según su criterio, los catalanes, eran una raza superior, que nada tenía que ver con los demás habitantes de la península. Un delirio empleado para sacar rédito al nacionalismo, sin fundamento alguno.

Y claro está, vio en esa actitud de igualdad para todos los territorios, como una gran injusticia cometida con Cataluña.

Y de hecho fue tal el machacamiento mental, que muchos catalanes llegaron a pensar, que efectivamente ellos, genéticamente tenían más que ver con los francos que con los demás pueblos de la península. Algo que solo en lo delirios de un independentista incoherente, puede pasar por su mente.

El copia y pega

Las demás regiones de España, al comprobar las concesiones que habían conseguido Cataluña y País Vasco, se apuntaron al carro, al comprobar que ese era el camino si querían conseguir los mismos logros.

Pues aunque el Estado intentó inicialmente crear autonomías de primera y de segunda, las demás regiones se dieron cuenta que o apretaban como Cataluña y País Vasco, o sino no conseguirían sus reivindicaciones.

Aprovechando la coyuntura de la política reivindicativa, acorralaron al Estado, buscando que cualquier dialecto hablado adquiriese la condición de idioma. Pues en base al idioma fue como Cataluña, Galicia y País Vasco lograron que la lengua fuese arma arrojadiza. De ahí que el leonés, aragonés, asturiano, etc, vieron la forma de conseguir lograr su sostén nacionalista, como forma de conseguir lo mismo. Hasta hubo delirios en Andalucía de revivir la lengua nazarí.

La inmersión lingüística

Con la finalidad de tratar de reparar la injusticia sufrida por Cataluña, durante los 40 años de franquismo, se aprobó el Real Decreto 2092/1978 y la ley 7/1983 para la inmersión lingüística del catalán.

Por parte del PSOE y la oposición de Alianza Popular. Creyendo que así se aplacarían, las reivindicaciones nacionalistas e independentistas.

Pero Jordi Pujol, un político con gran sagacidad, vio en ese Decreto, el regalo perfecto para disponer del arma para imponer su criterio, de la imposición del catalán por la fuerza y así poder arrinconar el idioma castellano. Y como tal por desgracia, todos los gobiernos que ha habido sucesivamente, han necesitado del apoyo de los nacionalistas-independentistas desde la transición, haciéndoles rehenes. Por necesitar de su apoyo para gobernar, pues estos últimos han impuesto la pauta en materia de educación sobre todo en Cataluña y País Vasco.

Y si algo de razón se le podía dar en su momento a la imposición de la inmersión lingüística, con el paso de más de 40 años desde entonces, hoy carece de sentido.

A la vista está que las lenguas cooficiales han recuperado su fluidez de hablantes. Contando con periódicos, televisiones, radios y demás medios de telecomunicaciones en su idioma.

Pero lo malo es, que esa inmersión lingüística una vez superada esa fase de recuperación de dichas lenguas, se ha transformado en un arma para la imposición de los criterios políticos de los nacionalistas-independentistas, que ha dado paso de la inmersión a arrinconar el idioma castellano. O sea, no se buscaba con la inmersión la equiparación de ambas lenguas cooficiales, sino más bien hacer residual el idioma común del Estado.

Donde se observa como la revancha de ahora querer arrinconar y porque no desterrar el idioma castellano de las regiones con lengua cooficial.

Será por aquello que el hombre es el único animal que tropieza dos veces con la misma piedra. Ya que ahora en ese revanchismo, se ve sed de venganza y de querer que se repita la misma injusticia, pero ahora al revés, como si las lenguas tuviesen la culpa de los errores de los políticos.

Inclusive los gobiernos que contaron con mayoría absoluta, en la creencia de que lo políticamente correcto era, no tocar nada de ese atropello lingüístico, dejando que los desmanes cometidos por el chantaje de esos nacionalistas-independentistas, siguiesen su curso. Mirando para otro lado a todos los atropellos que no respetaban las directrices de inspección de enseñanza del Gobierno. Los nacionalistas-independentistas llegaron al atrevimiento de saltarse todas las resoluciones del TSJ en materia lingüística. Quedando abandonados los padres que requerían que sus hijos tuviesen por lengua vehicular el castellano. Incumpliendo así el derecho de trato de igualdad de ambas lenguas, catalán y castellano.

Con esa manga ancha cedida por el Estado las nacionalidades llamadas históricas, intensificaron su presión, para tratar de desarbolar todo aquello que tuviera que ver con lo español.

Pues para los nacionalistas-independentistas, el castellano es algo español, como si el catalán, el gallego y el catalán no lo fuesen también.

Inclusive, bajo el prisma del victimismo, dichas lenguas cooficiales quieren imponer que sean de obligado cumplimiento su uso en todas las instancias internacionales. Con un afán de protagonismo, que solo vertebra odio a los hablantes del castellano como si éstos fueran culpables de que no lo sean.

La obligación de rotular en catalán

Las nacionalidades que tienen las competencias en materia de tráfico, según la normativa, las señales deben estar en ambos idiomas, pero la realidad es, que la mayoría solo está en catalán. Debido a esa anomalía, cualquier persona que sea multada, cualquier persona que reciba dicha sanción, la puede recurrir, para que se la quiten. De facto muchos ayuntamientos se han visto obligadas a retirarlas por incumplir el que estén en ambas lenguas. Por el artículo 56 de la ley sobre tráfico, que indica que debe estar como mínimo escrita en la lengua común del Estado. Pero una vez más pasa lo mismo, se saltan el reglamento y la mayoría, solo aparecen en la lengua oficial de la región. Simplemente porque saben que quedarán las advertencias en total impunidad o tardará tanto en llegar el recurso que se habrá difuminado en el tiempo.

Pues también incumplen el artículo 138 del Reglamento General de Circulación, que establece que las indicaciones escritas, que acompañen a los paneles de señalización e instrucciones, figurarán en el idioma castellano además del catalán. Cuando dicha señal esté ubicada dentro de la comunidad correspondiente al idioma regional.

Pero a los nacionalistas-independentistas les da igual, como diciendo hacemos lo que nos da la gana e incumplimos todas las normas que vengan dictadas por el Gobierno de la nación.

Con lo cual muchos municipios han perdido el derecho a recaudar dichas multas. Ya que la ley del Estado, establece que no puede haber discriminación de lengua.

Lo que hace que las señales solo en catalán tienen los días contados, a la vista de la sangría que sufren los ayuntamientos, con los recursos que les interponen, que les obliga a anularlas.

Inclusive los catalanoparlantes, que no son tontos, se acogen a tal argucia con tal de así evitarse las multas.

La ley de obligación de rotular en catalán, hace que todo aquél comercio que no rotule en catalán, será multado. El argumento es, que en Cataluña los ciudadanos hablan catalán y como tal tienen derecho que todo venga rotulado en dicho idioma.

Vamos que, por el mimo criterio, todos los que hablan en castellano, no tienen derecho que venga rotulado en ese idioma, pues parece ser que según su visión dicho idioma es residual. Pero eso no importa, si no rotulan en catalán les caerá una multa, ahora bien si no rotulan en castellano, casi que mejor, pensarán los nacionalistas-independentistas. No serán multados aquellos, puesto que en Cataluña, según su parecer nadie habla castellano. Aunque nuestra Constitución de 1978, asegura que en las comunidades con idioma propio, tiene carácter oficial igual, el idioma castellano. Pero eso no pasa de la teoría, pues en la práctica la lengua de comunicación del Estado se encuentra marginada en muchísimos aspectos.

La señalética de carteles de información, que tendría que figurar por ley en las dos lenguas, la propia de la región y la común del Estado, no es así. Siendo el caso más llamativo el caso de Cataluña, donde cuando vas a usar el trasporte público, te encuentras que todas las indicaciones de metro, autobuses urbanos o trenes, están en catalán y también según sea en inglés o francés.

Buscas el idioma español y no aparece por ningún sitio, como si fuese un idioma que nadie habla en Cataluña y por lo tanto al ser residual no hace falta.

Entras en establecimientos de comida rápida y las minutas aparecen en la lista de productos en catalán y en inglés. Llegando a darte la impresión, que estás en el extranjero, ya que la lengua del Estado no aparece.

Pero claro, los negocios sufren tal presión del nacionalismo-independentismo, que para no sufrir el boicot que haga mermar sus negocios, obvian emplear el castellano, para no ser techados de españolistas. Así esos intransigentes nacional-independentistas entrarán contentos a los locales en que no les hiera la vista observar que figura también el castellano junto a la lengua cooficial.

En los organismos dependientes de la Generalidad, todos los formularios que pidas para rellenar, los encontrarás en catalán, en castellano te lo ofrecen si lo solicitas, si lo hay. Ya que en muchos lugares ni se molestan en imprimirlos. Dirán, para qué, si Cataluña es una región mono lingüista.

Eso sí, haciendo uso de la libertad de expresión, permiten que los comercios particulares, el dueño, pueda emplear el catalán y el castellano. Pero que no se les ocurra que no aparezca rotulado en catalán, pues entonces la multa caerá con todo el peso, por semejante osadía. Ahora bien si no aparece el idioma en castellano, no pasa nada, inclusive te felicitarán, los nacionalistas diciendo, éste es de los nuestros.

En algunos comercios, al entrar y hablarles en español, te contestarán en catalán, haciendo uso de su mala educación. Ya que si se dan cuenta que eres **"extranjero"** por hablar en castellano, no tienen la cordialidad que si tendrán y si se esforzarán con aquél que les hable en inglés o francés. Cosa que la ley establece que al cliente se le debe atender en la lengua en que se exprese.

No te extrañes, si cuando vas en un trasporte público, oyes una conversación entre dos personas, que leyendo en el periódico el tiempo que hará para el día, dicen…**"mañana lloverá en España"**. Y te preguntarás, ¿en qué país estoy?

Lo que demuestra que es tal el lavado cerebral al que están sometidos por el independentismo radical, que coaccionados o no, se creen a pies juntillas todos los mantras que les sueltan todos los días.

Mucha gente que vive en Cataluña, oculta sus verdaderas intenciones políticas, para no ser señalados.

Y se da una paradoja curiosa, que justamente **"los charnegos"**, son los más virulentos independentistas. Como si renegasen de sus raíces, despreciando todo lo que venga de otra parte del Estado, de donde probablemente habrán salido en su día sus abuelos y padres. Posiblemente es una reacción, para así sentirse como más catalanes, despotricando con todo lo que sea en idioma castellano.

De ahí que a veces cuando hay elecciones y los resultados sorprenden por la repercusión que han obtenido los partidos llamados españolistas se perciba cuanta gente hay que vive a la sombra, puesto que esos que tanto pregonan hablando de la libertad de expresión, son los mayores dictadores en la represión de todo aquello que no sea catalán.

Matizar, que así como es correcto en el extranjero decir castellano oespañol para el idioma, no se puede aplicar lo mismo para España. Ya que el catalán, gallego y vasco, también son lenguas españolas, puesto que son patrimonio de España.

Charnegos x Maketos

Los nacionalismos radicales de Cataluña y País Vasco, esconden su verdadera percepción, de todo aquél que no sea de raíces vascas o catalanas. Vamos que en el fondo les desprecian, pero el interés en la lucha por su causa, no les hace desaprovechar toda ayuda que puedan obtener de los llamados **"charnegos o maketos"**. Dirán si tenemos a estos pardillos, que para sentirse más catalanes o vascos, se radicalizan por nuestra causa, mejor que mejor. Los usaremos como "carne de cañón" para que hagan el juego sucio de nuestra causa.

En Cataluña, si tus apellidos no son puramente catalanes de generaciones, eres **"un charnego"** y si tienes mezcla de apellidos catalanes y de otra parte del Estado, eres **"medio charnego"**.

Pero hay esos ilusos, que creen que con su radicalización, serán mejor vistos como catalanistas. Y mucha de esa percepción es una herencia familiar de sus padres, que en su día emigraron a Cataluña.

Y para tener una mejor imagen de integración les ponían a sus hijos: Jordi Pérez, Montserrat Martínez, Oriol Álvarez, Elisenda Fernández; etc.

Pero no se escapan de la diana de los nacionalistas radicales, que les siguen mirando por encima del hombro. Como diciendo, por mucho que te hayan puesto tus padres nombres catalanes, tus apellidos te delatan como **"charnego"**.

Cuando llegue la consecución de nuestra causa, ya nos encargaremos de barrer a toda esa escoria de **"charnegos"**. Pues por muy catalanes o vascos que se sientan no lo son.

Dentro de toda esa amalgama que componen los **"charnegos y maketos"**, los hay tan ilusos tratan de renegar del origen de sus padres y abuelos, para dar mayor imagen de catalanes o vascos.

No se dan cuenta o no se quieren dar cuenta que el propio Sabino Arana los despreciaba y consideraba que solo se era un auténtico vasco si tenías ocho apellidos vascos. Pero qué se le va a hacer, si los pobres son así de ilusos, que creen que mostrándose muy belicosos y reivindicativos de su región de adopción, van a ser reconocidos por igual por los que se consideran puros nacionalistas.

En la política suelen ser los más virulentos, como una forma de reafirmar más su catalanismo o vasquismo. Y los independentistas que no son tontos, los usan, para transmitir esa falsa realidad de que son reconocidos. Por eso muchas veces verás que los portavoces de los partidos nacionalistas-independentistas son **"charnegos o maketos"**.

Ignorantes de por sí, de que en cuanto logren su meta que es la independencia de sus regiones- Borrarán a toda esa morralla que lleva apellidos **"españolazos"**. Pues no pensarán los **"charnegos y maketos"** que los puristas catalanes o vascos van a consentir que uno de esos les represente.

Los habrán usado eso sí, como seres de "usar y tirar" hasta el logro de su causa.

Vamos que a ojos de los independentistas, siguen siendo repudiados por muy catalanes o vascos que se sientan. Ya que son los representantes de lo español. Y los pobres o se niegan a admitir la realidad social que hay.

De ahí que resulte patético que veas **"a charnegos y maketos"**, defendiendo postulados que van contra sus orígenes. Pero es su única forma de paliar el complejo que tienen, para pasar por más catalanes y vascos, apellidándose Martínez, Fernández, Rodríguez, Álvarez; etc.

El adoctrinamiento en la enseñanza

La mejor baza que pudo el Estado dar a los nacionalistas - independistas, fue, la cesión del sistema de enseñanza en las escuelas, a las autonomías. Pues aunque se reservó una parte para la inspección y el cumplimiento de los parámetros del Estado, la realidad ha sido que dicha competencia se ha ido diluyendo cada vez más.

Ya que la necesidad del apoyo de los nacionalismos radicales, para el Gobierno de la nación ha hecho que el Estado mire para otro lado.

Dejando que el chantaje hiciese, que tenían el arma perfecta para empezar con el adoctrinamiento de "sus cachorros", como ven los nacionalistas-independentistas a los niños en edad escolar. Empezando el lavado cerebral a tierna edad. Sin respetar para nada la inocencia de aquellos que no son capaces por edad de discernir que son adoctrinados.

Ni inspección ni nada, literalmente las autonomías se ríen del Estado con sus resoluciones judiciales. Lo que hace que la justicia de este país que es muy lenta, cuando se pronuncia es, tan lenta que ya se da por asumido el atropello. Sabedores de ello, los nacionalistas-independentistas se saltan todas las resoluciones judiciales, pues saben que tarde o temprano el Estado tendrá que recurrir a ellos si quiere gobernar.

Momento en el cual, ¿quieres gobernar con nuestro apoyo? Pues ya sabes, debes ceder a nuestras peticiones. O sea, mirar para otro lado las resoluciones judiciales y dejarlas en el cajón del olvido.

En Cataluña por ejemplo, los padres carecen de la opción de poder escolarizar a sus hijos en castellano como lengua vehicular. Puesto que solamente unas pocas escuelas dan más horas de clase en castellano que las dos horas a la semana que tiene establecidas la Generalidad. Una de lengua castellana y otra de literatura.

O sea, menos que en inglés, lo que demuestra el arrinconamiento de dicha lengua.

Solo unos pocos afortunados, por su situación económica pueden escolarizar a sus hijos con el castellano como lengua vehicular. En los colegios privados, que al carecer de cualquier tipo de subvención de la Generalidad, no están obligados a someterse. Pero infelizmente no está eso al alcance de todos, ya que los padres que no quieren que su hijo sea una cobaya de adoctrinamiento, al carecer de medios económicos hace que no esté al alcance de todos, por su elevado coste.

El Estado, en su dependencia política para gobernar el país, en que siempre ha necesitado del apoyo de los nacionalistas-independentistas,

ha tenido que ir claudicando de sus competencias de facto. Lo que ha provocado que todos los padres que querían escolarizar a sus hijos en la lengua castellana como vehicular quedarán completamente abandonados.

 Puesto que los nacionalistas-independentistas tenían el arma perfecta para empezar el adoctrinamiento de sus "cachorros". Al empezar con el lavado cerebral a tierna edad.

De ahí que en las escuelas se haya tergiversado la geografía, historia y todo lo referente al Estado. Para amoldar la enseñanza para la consecución de su fin. Y aunque muchas cosas de las que se enseñan son auténticas aberraciones y el Estado lo sabe, éste calla y se da por no enterado, rehén como es de los apoyos políticos.

Según la Constitución del 78 del Estado, tanto las lenguas regionales cooficiales como el castellano, son idiomas oficiales ambos, aunque en realidad eso sea solo en la teoría.

Pues los parlamentos autonómicos ya se encargan de que no sea así en la práctica.

Todos los sucesivos gobiernos que ha habido del Estado, salvo los de mayoría absoluta, han necesitado del apoyo de los nacionalistas para gobernar. Ya que aunque se habla mucho de la nación, la oposición siempre trata de torpedear al ganador en las urnas, no prestándole su apoyo.

Lo que hace que se vean obligados a ser rehenes de los nacionalistas-independentistas Y como es obvio, éstos chantajearán al de turno, exigiéndole cesiones.

Y las pocas veces en que el Estado ha tenido gobiernos de mayoría absoluta, en que no necesitaba del apoyo de éstos, ya que siempre que habían necesitado de su apoyo, les habían chantajeado a conciencia. Ha hecho dejadez de sus funciones, para aprovechando la coyuntura, corregir esas aberraciones que se daban en la enseñanza.

Y con esa política, se ha ido deslavazando la figura del Estado por ejemplo en Cataluña, País Vasco o Galicia donde la labor inspectora del Estado en materia de enseñanza es nula. Por eso los gobiernos autonómicos de las regiones con lengua cooficial, se han ido saltando todas las resoluciones judiciales, puesto que sabe que la inacción del Estado será total y mirará para otro lado.

Por eso se han cometido toda clase de atropellos, sabedores de su impunidad, ya que saben que cualquier desmán que cometan quedará en agua de borrajas, pues el gobierno es rehén de ellos.

A los niños, se les adoctrina desde su tierna edad, de que todo lo que suene a español es malo, inculcándoles el odio a todo lo que no sea de la región. Jugando con la inocencia de todo aquél que por su edad, no asimila que está siendo adoctrinado por aquellos, a los cuales su subsistencia, depende de esa labor de fomentar el enfrentamiento constante en la sociedad, partiéndola en dos, como si fueran dos países en uno.

Y el Estado, con tal de mantener al Gobierno de turno, permite que algo tan grave suceda en las escuelas, que se siembre el odio y la confrontación de la población.

La parte que correspondía al Estado de la enseñanza, se ha ido reduciendo día a día, hasta quedar meramente simbólica. Cuando empezaron las autonomías, la enseñanza se había establecido de forma que, las regiones que tuviesen idioma propio dentro de los reconocidos como cooficiales, la enseñanza de impartiese al 50% en castellano y 50% en el idioma propio de la región.

Pero claro, a medida que seguían los gobiernos dependiendo de los apoyos nacionalistas, la parte del castellano se fue diluyendo, hasta quedar como una mera reliquia en la enseñanza. Pues ese baremo de proporcionalidad de ambas leguas fue volcándose cada vez más del lado nacionalista des lo gobiernos autonómicos.

Y esa cesión parte del Estado llegó al punto que, aprovechándose de la brillante idea que tuvo el PSOE, que en la creencia de que otorgándoles mayor poder de decisión lingüística a los nacionalismos, aprobó la Ley 1/1998, de que así se subsanarían las injusticias que se cometieron durante la dictadura y apaciguarían de ese modo las reivindicaciones de

los nacionalismos. Evidentemente Jordi Pujol, debió de frotarse los ojos cuando se aprobó, ya que le habían dado vía libre para obrar, implantando el catalán como asignatura vehicular en todas las asignaturas, excepto las dos horas a la semana en que se imparten lengua y literatura castellana.

Fue el arma perfecta que jamás se debieron creer los nacionalistas que, el Estado les fuese a conceder, pero ya se sabe en pro de su progresismo, el PSOE cometió un grave error, pues a pesar de la oposición de Alianza Popular en su momento, ésta salió adelante. Pero lo mismo ocurrió cuando gobernó el país el Partido Popular (PP), que pudo enmendar esa cesión del PSOE, que con mayoría absoluta podía haber corregido la llamada **"inmersión lingüística"**, que había demostrado que lejos de la creencia de apaciguar las reivindicaciones nacionalistas-independentistas, lo único que se había conseguido era exacerbarlas.

Pero les debió de entrar miedo de que les fuesen a tachar de **"fachas"** y prefirieron que semejante aberración siguiese. Algo que cuando estaban en la oposición tanto habían criticado al PSOE.

Pues se vieron los nacionalismos con las manos libres para implantar su criterio, saltándose todas las resoluciones del TSJ en materia lingüística. Como en una acción de revancha de lo padecido durante la dictadura, pasando el idioma español, también vehicular en las regiones con idioma propio, a ocupar el lugar de idioma marginado.

España es el único país del mundo, en que en determinadas regiones el uso del castellano a nivel oficial, prácticamente se ha barrido.

En qué nación se puede entender semejante aberración, que el idioma común de entendimiento entre todos los naturales del país haya quedado reducido a la mínima expresión.

Se imaginan que Gran Bretaña consintiese que en determinadas partes del territorio estuviese prácticamente eliminada la enseñanza del inglés.

 O que Francia, que también posee lenguas regionales, dejase que en pro de ellas, el francés quedase relegado. Evidentemente que no lo consentirían. Pero aquí ya ves, si hemos consentido eso, cosa que no pasa en países tan proclamados como ejemplo de democráticos.

El primero Gran Bretaña, donde el irlandés, escocés, manés, galés y cornuallés, fueron casi extinguidos por la brutal represión de Inglaterra en los siglos. Y en el segundo caso Francia, ese país que tanto pregona la liberté, égalité et fraternité, que es un país jacobino de los más centralistas del mundo, que no solo no reconoce la enseñanza y promoción de las lenguas regionales, sino que da por buena su extinción, aunque hagan parte de su patrimonio cultural. Dejando dichas lenguas, fuera del paraguas de protección de la enseñanza del Estado, sin subvención alguna. Francia, país que se niega a reconocer en la UE, la protección de sus lenguas minoritarias.

Ese el precio que hemos pagado, por un reconocimiento exhaustivo de libertad, hemos permitido que los vínculos del Estado se hayan diluido en pro de reparar ese daño que otros hicieron en el pasado otros.

Y aunque han pasado más de 40 años, en que se ha permitido reparar ese daño lingüístico, en que ambas lenguas la regional y la del Estado estén en un situación de igualdad, los nacionalistas-independentistas no quieren ni oír hablar de que se termine con la **"inmersión lingüística"**.

Como ejemplo tenemos Cataluña en que todas las horas lectivas de un alumno, todas son en catalán, excepto solo dos horas de español, una de lengua y otra de literatura. Dándose la paradoja de que se imparten más horas en inglés, que en la lengua del Estado.

En el País Vasco, debido a la particularidad del idioma vasco que se hace ininteligible para todo aquél que no lo domine, no les quedó más remedio que imponer tres sistemas de enseñanza, 1º todo en castellano y enseñar vascuence, 2º mitad en castellano y mitad en vascuence y 3º todo en vascuence y enseñar el castellano. No por voluntad propia de los nacionalistas, sino obligados por las circunstancias sociales, pero con vistas a que se acabe imponiendo el vascuence en toda la población.

Creo firmemente, que esos sistemas solo hacen que crear guetos sociales. Y que por lo tanto, lo justo y lógico sería que se impartiesen el 50% de las asignaturas en la lengua regional cooficial y el otro 50% en castellano. Alternando las asignaturas de manera que así, al finalizar los alumnos su enseñanza, serían totalmente bilingües.

Pues la excusa de los años en que las lenguas regionales cooficiales fueron reprimidas por la dictadura de Franco, necesitan de una protección para su recuperación, ya no es válida. Puesto que éstas han alcanzado su recuperación completa, en más de 40 años de inmersión.

Pues mal que les pese a los nacionalistas e independentistas, el castellano, catalán, gallego y vascuence, son las lenguas españolas de España. Ya que se hablan en un país que así se llama. Aunque haya la confusión de que el castellano que a nivel internacional es llamado español, no son menos españolas las demás lenguas mencionadas, ya que se hablan dentro de un Estado llamado España.

Por lo tanto, lo que no se tiene que hacer es repetir los errores de la historia y tratar de reducir a la mínima expresión el idioma del Estado, pasando a ser la lengua reprimida.

Pero claro eso a ojos de los nacionalistas, es lo ideal, pues aparte de saciar su sed de revancha, su meta es lograr que en su región la sociedad acabe siendo totalmente monolingüe. Sintiéndose orgullosos, que debido a su labor con la complicidad de un Gobierno claudicante, te encuentres con gente joven que tiene dificultades para expresarse en castellano. Dirán los nacionalistas, hay que ver, que bien estamos haciendo nuestro trabajo, con ese ejemplo.

De ahí que desde la más tierna edad, se manipule la enseñanza a los alumnos. Sin respetar para nada su inocencia de no ser manipulado.

La enseñanza está totalmente tergiversada, con todo tipo de aberraciones geográficas e históricas. En pro de la labor adoctrinaste de los nacionalismos.

De ahí que se digan barbaridades del tipo: - río Ebro, río que nace en tierras extrañas y desemboca en Tortosa, Cataluña. Lo de tierras extrañas es para no mencionar Fontibre que está en Cantabria, que es España, mientras que Cataluña en los delirios del nacionalismo es una nación aparte. O el reino Catalano-aragonés, como si Cataluña hubiese sido el reino y Aragón una dependencia, cuando justamente fue al revés. El reino de Aragón se componía, del condado de Cataluña, las islas Baleares, el reino de Valencia y demás dependencias por el Mediterráneo.

Para reforzar aún más esas aberraciones históricas, los nacionalistas - independentistas de Cataluña se apropiaron de la bandera del Reino de Aragón, al ser su Estatuto el primero en ser aprobado conjuntamente con el del País Vasco, cuando por derecho histórico dicha bandera tendría que haber sido reservada para Aragón. Pero a los nacionalistas – independentistas catalanes no les importó cometer ese robo descarado de que la bandera del reino de Aragón fuese para el condado.

El derecho de ostentar como bandera la del Reino de Aragón. Es lo que siembra la confusión en esa historia tergiversada por los nacionalistas - independentistas. Así los alumnos ven reforzada esa falacia del reino Catalano-aragonés. Vamos que el condado se adueñó de la bandera del reino en los delirios nacionalistas – independentistas.

Por lo tanto dirán los alumnos, si nosotros tenemos la bandera, es porque Aragón era una dependencia nuestra, en el lavado cerebral que tratan de imponer. Así como con otras muchas cosas, manipuladas según los intereses de los nacionalistas.

Roger de Flor

O ensalzar como héroe a Roger de Flor (Rutger von Blume), hijo de un alemán y una italiana, nacido en Brindisi en 1266. Fue un caballero templario italiano, que participó en la última cruzada en 1291. Siendo acusado por la Orden del Temple de apropiarse de los tesoros de San Juan de Acre, siendo expulsado de la misma. Esa es una figura emblemática de los nacionalistas-independentistas, un mercenario que trabajaba por dinero.

Aprovechando su experiencia militar se hizo mercenario, siendo uno de los capitanes de los almogávares al servicio del Reino de Aragón. Total, que en las escuelas se le muestra como un héroe catalán, cuando fue al servicio del Reino de Aragón.

Parecen que se olvidan de que Roger de Flor sirvió al Reino de Aragón, del cual Cataluña era solo un condado de dicho reino. Los almogávares, eran en su gran mayoría aragoneses, con algunas participaciones de valencianos, catalanes, que hacían parte del Reino de Aragón. Su fama de aguerridos, feroces, codiciosos y brutales, les hizo granjear una mala prensa entre los pueblos que se creían que dichas huestes venían para salvarles del yugo otomano. Ya que la falta de soldadas, hizo que cometiesen todo tipo de saqueos, matanzas y violaciones. Ejerciendo también como piratas en el mar de Mármara. Hasta acabar en 1305 con el asesinato de Roger de Flor y un centenar de almogávares.

La fama que dejaron fue tan mala, que en muchos países balcánicos se asusta a los niños con que va a venir el **"Katalán"**. Pero como es obvio, todo el mundo solo resalta aquello que se considera que hicieron de provechoso, ocultando todo lo nefasto.

Ramón Casanova

Figura ensalzada por el independentismo catalán, como símbolo de la Diada, en una manipulación burda de tergiversar la historia una vez más. Fue un jurista español, que lucho por librar a España, de los Borbones en la guerra de sucesión española, tomando partido por los Austrias. No murió en combate como reivindican los independentistas, ni tampoco estaba en Barcelona durante el sitio de la ciudad el 11 de Septiembre de 1714. Fue herido por un disparo, quedando recluido en casa de su hijo en San Baudillo de Llobregat, hasta que amnistiado en 1719, cuando volvió a ejercer como abogado que era su auténtica profesión. Pero los independentistas necesitaban de una figura y se apropiaron de ésta, donde la ignorancia de la gente unida al fanatismo, hace que veneren a alguien que no tienen ni idea de lo que hizo, pero les han dicho que así fue y como tal lo dan por bueno.

Por eso se juntan todos los años miles de personas para celebrar la Diada, junto a la figura de ese gran defensor de la "independencia" catalana.

Ese es el héroe idolatrado por los nacionalistas-independentistas, que a falta de héroes se inventan hasta algo que jamás existió. Y con esas, van dando veracidad a que todas las mentiras que han tergiversado, acaben calando en la gente, como que es la verdad contada.

Adoctrinar en base al odio

La enseñanza en las regiones donde gobierna el nacionalismo radical, les queda claro que tienen que obviar todo aquello que tenga referencia con España.

De ahí que los alumnos de esas regiones, se sepan los nombres hasta del regato más ínfimo de su región, sin embargo desconozcan las cosas más importantes de la geografía del Estado. Pero claro de eso se basa el adoctrinamiento en las aulas, de empezar a aprovechar la inocencia de la más tierna edad, inculcándoles el odio y la confrontación. Al fin esos alumnos son sus cachorros, que les permitirán seguir viviendo a todos esos que han hecho del clientelismo nacional-independentista. No respetan para nada abusar de la inocencia de esos alumnos que en su más tierna edad ya empiezan a ser manipulados. Que en lugar de permitirles que se vayan formando en un perfil propio, les van inculcando para acabar siendo nada más que un producto al servicio del nacionalismo-independentismo.

Como pasa con todos los procedimientos administrativos, los padres tienen derecho a pedir que su hijo reciba la enseñanza en el idioma castellano, como lengua vehicular. Como lengua cooficial según la Constitución. Pero las trabas que les imponen a los solicitantes son numantinas, para que así pocos se atrevan a enfrentarse a la política de adoctrinamiento de los nacionalistas – independentistas. Y después argumentan que son pocos los que solicitan la enseñanza vehicular en castellano. No me extraña, si les ponen un montón de obstáculos y hacen que el alumno, se sienta como un zombi, apartado de los demás alumnos catalanoparlantes. Haciendo tal, que mucha gente desista de enfrentarse.

Para aquellos que en su empeño lo han logrado, tratan de aislar el alumno de sus demás compañeros, como si fuese un apestado por haberse atrevido a pedir la enseñanza en castellano. Como forma así de disuadir que más padres, en el futuro opten por querer solicitar lo mismo. Y después te encuentras con los que dicen, si solo lo pide una minoría, ya que ya se encargan ellos de hacer desistir de tales peticiones.

En las escuelas en que los directores son nacionalistas - independentistas, imparten instrucciones a los profesores, para que vigilen, que en el rato de ocio del recreo, para que los alumnos no hablen en castellano. Reprendiendo a todo aquél que se le pille hablando en tal lengua. Acomplejándoles desde la más tierna edad, como si hablar en castellano fuese cosa de apestados. Y a su vez coaccionando al profesor, que no siga las directrices represivas.

Cometen con ese método de enseñanza, el mismo error del que tanto se quejaron ellos antaño, en tiempos de la dictadura, donde hablar en las lenguas regionales, era considerada cosa de paletos. Lo cual demuestra que la historia se repite y el hombre es el único animal que tropieza dos veces con la misma piedra. Pero la sed de venganza, puede más que la coherencia.

El Estado a la vista de que la situación se hacía especialmente represiva para los alumnos castellanoparlantes, obligaba a que la Generalidad tuviese que pagar en una escuela concertada la educación en español. Para todos aquellos alumnos, que sus padres hubiesen solicitado. Si ésta no podía ser impartida en sus centros.

Pero al igual que pasó con las resoluciones del TSJ en materia de enseñanza, la Generalidad no las cumplía, sabedora de que el Estado rehén de ellos, para gobernar, no movería un dedo ante tal desobediencia, quedando totalmente impune.

Pero al final, hasta esa condición se acabó renunciando a ella por la presión de los nacionalistas, que obligaron al Estado a retirar esa obligatoriedad, si querían contar con su apoyo para gobernar.

Dejándolo a los padres totalmente abandonados en sus derechos, eximiendo a la Generalidad de tener que pagar en un centro concertado la enseñanza en castellano, si no se podía impartir en sus centros. Al punto de que ha quedado en manos de las comunidades autónomas las horas en castellano que crean que deben dar, a su libre albedrío, ya que la inspección por parte del Estado es nula.

Pero no solo en las escuelas de primaria y secundaria hay ese adoctrinamiento, sino que las universidades han sido transformadas en lugar de enfrentamiento, totalmente ajenas a lo que tenga que ver con el saber. Dada la permisividad a los grupos violentos independentistas, que tratan de imponer con el amedrentamiento sus criterios.

En las escuelas, con su política de adoctrinamiento, realizan encuestas y juegos, para saber de dónde proceden los padres, si son hijos de policías nacionales o guardias civiles; etc.

Una forma que atenta contra la integridad moral de esos niños, que les hace vivir como acomplejados, al poner en evidencia, si sus padres son empleados de las fuerzas de seguridad del Estado.

Todas esas prácticas al más estilo fascista, es impuesta justamente por aquellos que tanto claman, haber sido víctimas de la represión franquista. Quizá por aquello de que la sed de revancha, la aplican ahora en seres inocentes que nada, tienen que ver con lo que hicieron sus padres o abuelos.

Esa es la labor concienzuda de los políticos nacionalistas, divide y vencerás, lo que está creando que haya dos bandos enfrentados en una misma sociedad.

Y por desgracia, los políticos de este país, priman más los intereses partidistas que los de la nación. Por eso son capaces de pactar con el diablo, en lugar de llegar a un acuerdo entre la lista más votada y oposición. Con tal de no perder **"el sillón"** y gobernar.

Entre tanto, intentando pescar en río revuelto, los nacionalistas proseguían con su labor de demolición del Estado. Por un lado en una labor más directa por parte de la opción vasca, donde una sociedad ha vivido bajo la presión del terrorismo y por otro la de los catalanes, que de manera menos directa perseguían el mismo fin, solo que de manera más sutil. Habiendo uso de las algaradas, para someter a una presión psíquica a la sociedad.

Plan separatista de Ibarretxe

El lendakari Juan José Ibarretxe, explicó en el Parlamento Vasco, su plan secesionista. Saltándose todas las resoluciones y pronunciamientos del

Tribunal Constitucional. Exponiendo las líneas generales de su propuesta para separar el País Vasco de España. Que eran, respetar la vida, los derechos humanos y libertades de todas las personas; dialogar para convivir, y respetar la voluntad de la sociedad vasca. Como si éstas fuese totalmente monolítica.

Atacó al Gobierno acusándole por su lucha antiterrorista y torturas por las fuerzas de seguridad del Estado. Afirmando que había pasado el tiempo político de ETA, y que aceptando su propuesta se iba a expulsar la organización de nuestras vidas. Reconociendo que existe un recorte de derechos y libertades, pero no por culpa de las extorsiones, asesinatos y amenazas de ETA. Lo cual constituye un cinismo, cuando la sociedad vasca se ha visto coaccionada por la política de la amenaza del terror, obligando al pago del llamado impuesto revolucionario, bajo pena de muerte de no cumplirlo. Lo que ha provocado que haya habido un éxodo de una parte de la capa industrial. Donde empresas y personas se han visto obligadas a mudarse a otras partes del Estado, si querían vivir en paz. Ha provocado revuelo, su afirmación que no es necesario renunciar a la nacionalidad española, por adquirir la nacionalidad vasca. Afirmando que quiere que el Tribunal Superior de Justicia del País Vasco adquiera las competencia del Tribunal Constitucional y Supremo.

Ibarretxe ha concluido que habrá un referéndum en el año 2005. Apostando por no ejercer unilateralmente la autodeterminación. Pero que los trámites a seguir de su proyecto se plasmarán en un proyecto de Ley de Reforma del Estatuto, que aprobará el Gobierno Vasco, para luego ser remitido al Parlamento para su tramitación.

Se aprobaría por una mayoría absoluta del Parlamento Vasco, después se abriría una negociación con el Estado, que no debería exceder los seis meses.

Con la aprobación posterior por las Cortes Generales y el Parlamento Vasco del resultado de la negociación y la aprobación definitiva por la sociedad vasca de un referéndum. La consulta sería en 2005, en ausencia de violencia y exclusiones.

Si la negociación se frustrara, se podrá someter a referéndum de igual forma.

Y si dicho referéndum ratificara la voluntad de la sociedad vasca, será necesario iniciar una nueva negociación con el Estado, para incorporar la voluntad al ordenamiento jurídico.

La reacción del Gobierno ha sido que, la propuesta expuesta por Ibarretxe no es más que los postulados de ETA. Esto es, cargarse la Constitución y provocar una ruptura, en un intento golpista de romper con España y con el marco jurídico aprobado por los vascos con mayoría.

Las elecciones celebradas en 2005, que iba a ser el principio del plan secesionista de Ibarretxe, ha sido un fracaso para sus aspiraciones. Ya que aunque el PNV gana las elecciones, se queda con 4 diputados menos que en las elecciones de 2001. Y se queda muy lejos de la mayoría absoluta que el mismo había pregonado como necesaria.

Para aspirar a esa mayoría, le haría falta contar con el escaño de Aralar, además necesitaría del apoyo de los 9 escaños del Partido Comunista de las Tierras Vascas, fuerza de la que hereda los votos de Euskal Herritarrok, (ETA), que fue ilegalizada. Quedando el Partido Socialista como la formación clave.

Sin embargo, fuese cual fuese la composición del Gobierno, ha quedado claro que el PNV no ha conseguido esa mayoría que había esperado corroborar como un plebiscito. Habiendo perdido el apoyo que esperaba lograr de la sociedad vasca, que ha apostado por la pluralidad, diversidad y diálogo. De manera que si Ibarretxe aceptase los escaños de los etarras, estaría traicionando a la sociedad vasca que no quiere frentes.

Haciendo naufragar su proyecto secesionista, lo que le hizo tener que desistir y aceptar la formación de un gobierno tripartito, sin esos postulados.

En 2007 Ibarretxe anunció una nueva hoja de ruta hacia la secesión. No llegando a acuerdo alguno con el Gobierno del Estado. Se convocaron nuevas elecciones en 2009 con Ibarretxe otra vez como candidato. Pero aunque el PNV logro 30 escaños, la unión del Partido Socialista y Partido Popular aupó a Patxi López como lendakari, renunciando Ibarretexe a la vida política.

Las "embajadas"

Siguiendo con su política de confrontación constante con las instituciones del Estado, los nacionalistas-independentistas de Cataluña decidieron crear un nuevo invento, llamado **"embajadas."**

Los nacionalistas-independentistas de Cataluña, desde que llegaron a la Generalidad, fueron tratando de crear instituciones que fueran propias de un país. Y con vistas a crear visibilidad internacional, en lugar de crear oficinas comerciales de Cataluña en otros países, apostaron por crear las llamadas **"embajadas."**

Instituciones creadas, para dar cabida a todos esos **"chupópteros"** que haciendo uso de su clientelismo a la causa independentista, buscan un puesto de trabajo, cuya única función es la de mantenerse como parásitos afines.

Se crean dichas **"embajadas"** despilfarrando el dinero y aumentando la deuda colosal de Generalidad. Mientras que hay grandes carencias en educación, teniendo e los alumnos en barracones en los colegios por no tener presupuesto. O sino, carencias sanitarias, que hacen que haya unas listas de esperas extraordinarias, por la falta de presupuesto para contratar personal. Y así, en otros muchos campos sociales. Y lo peor es, que consiguen mantener con esas proclamas nacionalistas-independentistas a la sociedad cegada por ese velo de los delirios. Obviando las reales necesidades de una sociedad. Pero claro, es que ese es su papel, de lo contrario si no dispusiesen de ese poder, los nacionalistas-independentistas, no podrían **"seguir chupando del bote."**

Pues esos que presumen tanto de defender al pueblo, al final no son más que burgueses disfrazados de proletarios. Esto es, mientras que los hijos de la plebe tienen que estudiar en barracones, los cachorros de los nacionalistas-independentistas acuden a colegios privados caros burgueses.

Es una tristeza pero esa es la realidad, que los listillos vivan a cuenta de los tontos, que emborrachan soltándoles soflamas, que desvían su atención de los reales problemas que debe afrontar toda sociedad, como es cubrir las necesidades más básicas, antes que el politiqueo barato.

País acomplejado rozando el ridículo

La presión política de los nacionalismos ha sido tal, que hasta los medios de difusión audiovisuales, han dado por buenas las directrices políticas impartidas por el Estado.

De tal manera que, en cualquier medio audiovisual, se verá o se oirá decir los nombres de las localidades, aun empleando el idioma común del Estado, la forma del idioma regional de A Coruña, Araba, Bilbo, Girona

Donostia, Iruña, Lleida, Ourense; etc. Pues según una decisión política, es lo correcto. Vamos que los castellanoparlantes, que durante más de 1000 años han dicho La Coruña, Álava, Bilbao, San Sebastián, Gerona, Pamplona, Lérida, Orense; etc; eran unos analfabetos. Cuanta barbaridad hay que tolerar, con tal de mantener contentos a los nacionalistas.

Es bochornoso comprobar, que es tal el caos, que por la falta de un criterio uniforme, lees u oyes en algunas televisiones Galiza y Euskadi, Catalunya en lugar de Galicia y País Vasco, Cataluña. Cuando ya de por sí, debe ser que los locutores se rigen según las directrices de la emisora, según sea el peso nacionalista de la región. Puesto que aunque empleen la forma del idioma regional, en el caso de Galicia no dicen o escriben Galiza que es la forma del idioma regional. ¿Por qué se preguntarán? Porque los medios audiovisuales se expresan, según sea el nacionalismo más radical. En Galicia, como el nacionalismo es más débil, no dicen ni escriben Galiza. Vamos como si tuviesen que mostrar una sumisión a los nacionalistas, no se les vayan a enfadar. Cuando lo único que demuestra el Estado es debilidad. Lo que da fuerza al nacionalismo. Cataluña y País Vasco.

Los defensores de tal aberración, defenderán que lo correcto es la forma regional. O sea, además de la gramática hay que usar su fonética, de tal modo que somos unos analfabetos, puesto que no decimos London, Parri, England, France; etc. Que según su criterio es la forma correcta en su idioma.

Lo cachondo es, que esos mismos nacionalistas, cuando hablan o escriben en catalán, dicen Saragossa, para referirse a Zaragoza.

¿No habíamos quedado que la forma correcta es en el idioma de la región? Pues yo creo que en Zaragoza que se habla castellano, la forma correcta no es Saragossa. Lo que viene a demostrar que aplican el criterio, según les venga en gana, por no ser unos acomplejados como el Estado.

Lo que hace que el Gobierno de la nación, con tal de tener contentos a los nacionalistas. Dé por válida cualquier cosa, con la falsa creencia, de que así los apaciguará. Como si fuésemos una nación acomplejada.

Pero nada hemos llegado a tal cota de fanatismo imbuido por los nacionalistas, que se leen o se oyen esa serie de despropósitos para nombrar las regiones o localidades. Por periodistas que parecen analfabetos, para esa mescolanza del idioma del Estado con el idioma regional.

De ahí que se oigan a muchos de ellos decir, los gerundenses de Girona. Prueba de que dicen cosas sin conocimiento lingüístico.

La discriminación lingüística

En algunas comunidades los delirios nacionalistas-independentistas llegan a tal punto en algunas regiones, que hay una discriminación lingüística hasta en la sanidad si no se sabe la lengua regional. Parece ser que esos botarates que gobiernan, deben creer que si un médico se comunica con su paciente en la lengua común del Estado que es el castellano, no le van a entender. Algo así, como si los ciudadanos de dicha región viviesen como ermitaños en alguna cueva, aislados del mundo. A tal punto llegan los disparates, que según la categoría profesional del sanitario, este debe reunir un nivel requerido de la lengua regional para poder ejercer. Debiendo acreditarla, para poder ejercer la medicina.

Tal aberración ha provocado que haya una huida de sanitarios de dichas regiones que exigen el conocimiento acreditado de la lengua regional para poder ejercer. Pero parece ser que a esos obtusos les da igual, mejor que haya una atención pésima sanitaria, por falta de profesionales, que permitir que puedan ejercer en la sanidad sin conocimiento de la lengua regional.

Esa es una demostración hasta qué punto llega el fanatismo. Y eso que vivimos en un país, donde según la Constitución la lengua común del Estado, tiene la condición de cooficial con la de la región.

Pero como por desgracia, el Estado ha hecho una dejación total de sus funciones, permite que se hagan esos tratos discriminatorios con total impunidad.

Y los chupópteros de la política seguirán cometiendo todo tipo de desmanes, aunque redunde en un prejuicio para regiones que viven básicamente del turismo. En la creencia que si a un inglés, alemán, francés; etc no le hablan en la lengua regional se sentirá ultrajado. Ver para creer.

Ahogamiento social bajo los nacionalismos

Todo aquel que no comulgue con las ideas de los nacionalismos, se verá como ahogado por la presión social de éstos. Ya que se sienten en las regiones donde el nacionalismo es más pujante, como si fueran foráneos, aunque su descendencia se pierda en el tiempo en la región. Pero de eso se trata la política de los nacionalismos, de presionar hasta la extenuación, para que todo aquel que piense distinto, acabe cambiando de forma de pensar o decida abandonar la región por no comulgar con esa tiranía nacionalista-independentista. Es algo así, como si por no ser nacionalista-independentista fuesen menos catalanes, gallegos, vascos; etc.

Esa sensación de agobio a la que se ven sometidas las personas que no son nacionalistas-independentistas, ha provocado la huida inclusive de muchas empresas, que se trasladan a otras regiones del Estado donde no hay esa presión social. Con el consiguiente empobrecimiento económico de las regiones que abandonan.

Pero eso a los nacionalistas-independentistas les da igual, en su locura de haber entrado en esa espiral, de que todo aquel que no comulgue con sus ideas mejor que se largue, pues son contaminantes para sus aspiraciones. Ya que, cuanto menos gente haya en la región que no sea afín a ellos, más fácil será lograr su propósito independentista.

Pues todo hay que decirlo, que todo aquel que se decida por vivir bajo esa presión, tendrá que echar el resto en ganas. Pues la presión constante produce un desgaste que va minando el estado de ánimo, que mucha gente no aguanta.

De ahí que muchas personas hayan decidido abandonar esas regiones donde la presión nacionalista-independentista se les hace insoportable. Ya que la presión no es solamente psicológica sino que también es física, negocios que son hostigados constantemente, llegando inclusive a obligarlos a cerrar, por espantarle los clientes, realizarle pintadas o destrozos. Pues en cuanto son identificados que no son de su talante, pasan enseguida a la lista negra, de los negocios indeseables. Que según el credo nacionalista-independentista son el obstáculo para la creación de su nación.

Acabar con la confrontación

Ese juego del enfrentamiento que hacen los políticos nacionalistas, no es más que la política de tener siempre su caldo de cultivo al día. Y lo peor es que manipulan a los seres humanos a su antojo, desviando del punto de vista, los reales problemas que afectan a la sociedad.

Tener la suerte de que una vez superados, los momentos nefastos del pasado, y de poseer un patrimonio cultural tan rico y variado como tenemos, en este país llamado España, es obligación de todos de conservar. Pero dejando a un lado ese juego sucio del enfrentamiento, de confrontar a unos contra otros, que tanto gusta a los nacionalistas.

No podemos cometer el mismo error dos veces, de que aquellos que en su día se vieron humillados y acomplejados por hablar en su idioma regional, quieran ahora hacer lo mismo con todos aquellos que usan el idioma común del Estado.

Siendo quizá el país que más ha ayudado por la reparación lingüística de Europa, es hora de conservar no de confrontar. Ya que otros países con mucho mayor acervo democrático, no hacen absolutamente nada para proteger su patrimonio lingüístico de sus lenguas regionales. Es más algunos como Francia, parecen apostar por su extinción.

Basta ya de caer en el juego sucio de los políticos, que solo hacen que sembrar la discordia, en pro de sus intereses. Ya que aunque sea difícil escapar de dicha manipulación en que nos manejan como marionetas, debemos tener claro, que la riqueza de una sociedad es, respetar esa variedad dentro de una convivencia pacífica.

Pues todas esas injusticias que se cometieron en el pasado, han sido resarcidas con la protección de ese patrimonio que nos es común a todos. Ya que nunca ha estado más protegido ese patrimonio común del Estado, como ahora. Pues las distintas lenguas españolas (catalán, gallego, vascuence) son patrimonio común de ese país llamado España. Aunque muchos hayan intentado en lugar de hacerlas nexo de unión, motivo de enfrentamiento.

Adueñarse de los símbolos

En esa lucha sin cuartel de los catalanes, por querer erigirse como representantes primordiales del Reino de Aragón, aprovecharon la circunstancia de que al ser su estatuto de autonomía el primero en ser aprobado, se adueñaron de la bandera del Reino de Aragón, como suya.

Cuando por derechos históricos ésta le debía haber sido reservada y otorgada al propio Aragón. Pero ya se sabe, fueron más sagaces y no perdieron esa oportunidad, para reafirmarse más, de ser ellos que no fueron siempre nada más que un principado, los dueños de la bandera del Reino de Aragón. Teniendo Aragón que incluir un símbolo en su bandera, para diferenciarse de la usurpada. Probablemente a todos esos delirantes nacionalistas, se les habrá pasado que el símbolo que figura en el escudo de la bandera de Aragón de cuatro barras no es más que el emblema de los monarcas maños (aragoneses). Lo que viene a refutar que la señera es de origen catalán.

Indudablemente debe ser algo que les acompleja y mucho, que no fueron más que un principado de dicho reino. Y aunque se esfuerzan por tergiversar la historia y adoctrinar en las aulas con conceptos totalmente manipulados por el nacionalismo-independentismo, la verdad histórica es esa por mal que les pese.

De ahí que aparezca en los libros escolares de Cataluña, la Corona Catalano-aragonésa, algo que jamás existió, pues solo hubo la Corona de Aragón. Y mencionan que dicha corona estaba formada por tres reinos, el de Cataluña, Valencia y Aragón. Cuando Cataluña jamás fue un reino, sino un principado. Pero no les importa, dirán, cualquier medio es válido con tal de lograr los objetivos.

Si de esa manera burda, conseguimos lavar el cerebro de los alumnos, buena labor habremos hecho. Al fin, serán esos **"cachorros"** nuestros, el relevo acrecentado del nacionalismo-independentista. No les entra arrepentimiento alguno, por jugar con la inocencia de niños que son manipulados a su libre antojo.

En cuanto a la geografía, España es casi **"invisible"** para los alumnos, ya que se les enseña hasta el regato más ínfimo que pasa por cerca de su casa, que los ríos más importantes de la península ibérica. Con planteamientos ideológicos tendenciosos, dándoles a entender que Cataluña es un país más de la UE, cuando no es más que una región. En sus delirios doctrinales, hacen ver como si Cataluña y España fuesen dos países, cuando Cataluña es una región de España.

Cuando se ven mapas geográficos en los libros escolares, de los países de Europa. Aparecen mencionados, Reino Unido, Alemania, Italia, Holanda, Bélgica y Cataluña resaltados. España no aparece para nada.

Ponen la bandera de Cataluña junto a la de la UE, cuando dicha organización europea, solo reconoce a estados.

Cuando se habla de las instituciones, solo se nombra al Parlament, Govern y Generalitat.

Obviando el Congreso de los Diputados, al Rey y al Gobierno de España. Se resalta que el idioma de Cataluña solo es el catalán, cuando los castellanohablantes llevan exactamente el mismo tiempo viviendo ahí que los catalanohablantes.

Y el Gobierno mira para otro lado, obviando su responsabilidad de inspección. Como hace casi siempre, ya que priman los intereses partidistas sobre los comunes del Estado. Y el apego que tienen nuestros políticos tan fuerte por "el sillón", les hace tragar con todo, con tal de mantenerse.

Aberraciones históricas

Los libros de historia de los alumnos, son los manuales para adoctrinar, tergiversar y sembrar el odio a lo no catalán.

Que Cataluña es una nación milenaria de Europa, país pirenaico, nación tan importante como las otras.

Wilfredo el Velloso, considerado como el primer independentista del condado de Urgel y Barcelona. Que vivió entre 845 y 897 d.c. Al cual el fanatismo describe rayando lo ridículo, que estando herido en batalla, hizo con su sangre cuatro líneas verticales en su escudo, origen de "las cuatro barras catalanas". Cuando esas cuatro barras son la bandera de la Corona de Aragón. Pero como delirar es libre, le dan la connotación que crean más conveniente a sus intereses.

Jaime I de Aragón, conocido como el conquistador, ya que conquistó las islas Baleares, Valencia y Murcia. Sin embargo en los libros de enseñanza aparece como Jaume I rey de Cataluña, cuando ésta no era más que un principado del reino de Aragón.

En los libros dan la impresión que fue Cataluña, la que conquistó Aragón y Valencia, formando la Corona. Cuando fue justamente al revés, fue Aragón el que la conquistó.

Hablan de los **Països Catalanes**, algo que jamás existió, hablando que los catalanes fueron los que ocuparon la mayor parte de esas tierras, por eso se habla en ellas catalán con distintos acentos. Y que fueron los reyes catalanes los que se expandieron conquistando muchas zonas del Mediterráneo. Cuando fue la Corona de Aragón la que hizo eso.

Con todos esos delirios, inculcan esas aberraciones históricas a los alumnos, en pro de su causa independentista, como si Cataluña fuese independentista al 100%, no respetando para nada a los que piensan distinto.

A ellos les da igual que sea verdad o no, su labor de enfrentamiento es lo que les importa, para conseguir sus objetivos.

Si el Estado mira para otro lado y no hace nada, ese es el problema, que no hace uso de su facultad para ejercer la inspección en la enseñanza e impedir esas barbaridades.

Si uno hace un seguimiento cronológico, comprobará que la cesión constante que ha ido haciendo el Gobierno, ante las reivindicaciones en materia de enseñanza en las autonomías.

Evidentemente, lo último en Cataluña ha sido la cesión a los nacionalistas, eliminando que el castellano sea lengua vehicular. Que aunque figura en la Constitución como lengua oficial del Estado, han conseguido los nacionalistas-independentistas, descastellanizar la región. A cambio de una vez más el Gobierno haber conseguido su apoyo para la aprobación de los presupuestos del Estado.

O sea, el chantaje completo, está siempre al orden del día. Así los padres ya no tendrán derecho a reclamar la enseñanza vehicular en castellano para sus hijos.

Otra de las grandes mentiras de los nacionalistas-independentistas es, que según **"el informe Pisa"**, que asegura que el conocimiento del castellano en Cataluña es exactamente el mismo que en las demás comunidades. Sin duda han debido redescubrir la multiplicación de **"los panes y los peces."** Sino, ya me dirán como puede ser eso con dos horas lectivas en castellano en Cataluña, mientras que en las demás comunidades sin idioma cooficial se imparten todas las horas lectivas en castellano. Pero a los nacionalistas-independentistas, les da igual si extingue el castellano. Casi mejor, se deben sentir bien orgullosos, cuando sale alguien hablando en castellano, de manera que es casi ininteligible. Porque su contacto con la lengua castellana es cero. Pero en el fondo, ese sería el deseo de los nacionalistas-independentistas, llegar en el futuro a tener una sociedad en que el idioma castellano, se haya exterminado del léxico en Cataluña.

Obviamente que puede parecer algo exagerado y fuera del contexto, pero no hay que dudar que entre los fanáticos, ese sería su gran logro que Cataluña acabe siendo totalmente monolingüe en catalán. La ministra de educación Isabel Celaá, pasará a la historia como haber sido la responsable de que no se imparta como mínimo el 25% de las horas lectivas en castellano en Cataluña.

Saltándose lo que determinó el Tribunal Constitucional. Pues como ella misma ha dicho, no se prohíbe la enseñanza en castellano, simplemente se deja en mano de la dirección de las escuelas, las horas que crean convenientes, que puede ser algo o nada. Total, todo seguirá como hasta ahora, que la inspección del Estado en materia lingüística, es nula y mira para otro lado, por tener que atender los intereses políticos sobre los intereses sociales de la población.

De manera que ya no será necesario que el ejecutivo, prevea dotar su reforma educativa de ningún instrumento o prueba homogénea en toda España, para evaluar el nivel de castellano de los alumnos en todas las comunidades autónomas. Puesto que dicha potestad ha sido cedida a ellas.

Dejando dicha responsabilidad en la buena voluntad de los Gobiernos de las comunidades con lengua cooficial. Esto es, si pasan del idioma castellano, no pasa nada, la Inspección de Enseñanza del Estado hace mucho tiempo que perdió su potestad de supervisar.

Ya que las comunidades autónomas saben, que todas sus resoluciones y dictámenes, se las saltarán a su libre albedrío y no pasará nada. Ya que según ellas, no les pueden imponer la enseñanza en castellano ni el número de horas lectivas. No importando que vayan creando una sociedad cada día más ignorante en materia lingüística del idioma común del Estado.

Total, que el Estado, siempre rehén de los nacionalistas-independentistas, sabe que no le queda más que ir cediendo, hasta que llegue un día en que ya no haya nada que ceder.

Pero esa es la labor de los partidos independentistas, ir minando poco a poco los cimientos del Estado, hasta que acabe como **"un gigante con los pies de barro"**.

Les importa un bledo a los nacionalistas-independentistas que la población de las comunidades con idioma cooficial, acaben embruteciendo a su alumnado, con el desconocimiento de la lengua del Estado.

Pues en un mundo cada día más globalizado, donde los trabajos, estudios y demás actividades socio-culturales hacen que la gente se desplace a otras regiones o países cada vez más, pasará que algunos se encontrarán

con la dificultad que debido a esa carencia en su enseñanza en el pasado, verán mermadas sus posibilidades. Pues el idioma español se habla en más de 20 países, con una población de más de 500.000.000 de personas, en los cinco continentes de nuestro planeta.

Lo que hace pensar a qué punto puede llegar el fanatismo, que prefiere la propia ignorancia lingüística entre los suyos, con tal de que eso signifique tener sometidos a sus tesis delirantes.

Usar el deporte como emblema de confrontación

Algo tan noble e integrador de pueblos como es el deporte, también ha sido usado como arma arrojadiza de confrontación por los nacionalistas-independentistas.

Partiendo de las reivindicaciones de querer una selección propia que les represente en las competiciones a nivel estatal de los países, las comunidades con lengua cooficial han hecho su reivindicación histórica como nacionalidades que dicen ser.

En el caso de Cataluña, los nacionalistas-independentistas, se han adueñado del FC Barcelona, como representante y casi selección de Cataluña. De manera que quieren trasmitir que todo aquél que sea del club, es un nacionalista-independentista, que está reivindicando cosas políticas. Cuando ese club tiene a millones de seguidores a lo largo y ancho del mundo. Para esos, cada vez que hay un partido FC Barcelona x Real Madrid CF, es un enfrentamiento entre las selecciones de Cataluña x España. Cuando ambos equipos están plagados de figuras extranjeras.

En el caso concreto de Cataluña, donde curiosamente tienen un equipo de futbol llamado Espanyol, la presión social de los nacionalistas-independentistas les hizo renunciar a la Ñ de su nombre, para no ser considerados menos catalanes que los demás. Pues ya de por si el nombre de dicho club, es un insulto para los fanáticos.

Ya que según los delirios de esos supremacistas, el que habla castellano no es considerado como catalán. Esto es para ellos, aunque venga de generaciones con apellidos catalanes, si usa castellano no es un catalán de verdad.

Cuando ha habido partidos de futbol de la selección española, que por cierto siempre ha contado con jugadores catalanes, aprovechan la ocasión para abuchearla los nacionalistas-independentistas. Usando el deporte como arma reivindicativa a nivel internacional, haciendo boicot y algaradas.

De ahí que se vean pitidos cuando se ejecuta el himno de la selección española, como forma de condena y tremenda falta de respeto hacia todos aquellos catalanes que no opinan como ellos y que sin embargo se sienten avergonzados con tales manifestaciones públicas.

A los nacionalistas-independentistas, les da igual que den un espectáculo bochornoso ante el mundo, aprovechan la menor ocasión para hacerse ver.

 Quemando banderas de España y provocando altercados en las inmediaciones de los estadios de futbol.

Llenan los estadios de futbol de banderas esteladas, como si el 100% de los hinchas fuesen nacionalistas-independentistas. Cosa que no es así, pero como hay gente que va con la única finalidad de asistir un partido de futbol, no se pronuncia para no ser señalado o acorralado. Ya que por muy español que se sienta además de catalán, no osará ondear una bandera de España, ya que será visto eso como una provocación, que le acarreará graves consecuencias. Por eso guardará silencio para no ser objeto de persecución por el fanatismo.

Eso es lo que pasa en este país llamado España, en que a diferencia de otras naciones, donde lucir los emblemas nacionales del Estado son un motivo de orgullo, aquí es al revés, hay que ocultarlos y vivir coaccionado.

Y por desgracia el Estado a diferencia de otros países, en que se ha abucheado el himno nacional o quemado banderas del país en partidos

de su selección, que han dado por suspendido el partido; no hace absolutamente nada, resignándose. Lo que ha provocado que en algunas comunidades autónomas se evite que se jueguen partidos de la selección del país. Vergonzoso, que una panda de matones, impongan el terror entre los asistentes a un partido de futbol, de manera que el Estado renuncia a que se juegue en determinadas regiones, para evitar eso.

Lo que hace demostrar una vez más la claudicación del Estado ante grupos nacionalistas-independentistas, que coaccionan a los que solo quieren ver un partido de futbol en paz con sus familias.

Es una vergüenza que se haga del deporte una arma política, llega a tal punto que algún equipo, hasta lleva la bandera del Reino de Aragón como uniformidad, como reivindicando que ellos son más catalanes que los demás. Y digo la bandera del Reino de Aragón, porque es así en realidad, como ya se comentó anteriormente, la Generalidad se apoderó de la bandera que por razones históricas le hubiera correspondido a la comunidad de Aragón.

 Pero en su delirio nacionalista, se apresuraron en que ya que su estatuto de autonomía fue el primero en aprobarse, para robarle la bandera a Aragón. Parece que en el fondo el nacionalismo-independentismo catalán, no lleva nada bien eso de que, fueron un principado del reino de Aragón. Cosa que arrastran históricamente como acomplejados.

Por eso se empeñan en manipular en la enseñanza la tergiversación histórica, dando a entender que esa barbarie que llaman reino Catalano-aragonés, quien tenía el poder de dicho reino era Cataluña, mientras que Aragón, no era más que una dependencia.

Obviamente su política machacona de lavado cerebral, aprovecha cualquier resquicio para inculcar en la población cualquier aberración con tal de moldear el pueblo con una idea nacionalista-independentista. Como que los que no piensan así, no son auténticos catalanes, sino catalanes de pacotilla.

Països Catalans

Una aberración más histórica que, no existe, pero que si existe en mente febril de los nacionalistas-independentistas. Ya que nunca existió como objeto político, aunque los territorios catalanohablantes tienen su origen en la expansión de la Corona de Aragón.

Se puede emplear de manera errónea el término de Países catalanes, a todos esos territorios que cultural y lingüísticamente se habla catalán. Pero en la mente delirante de los nacionalistas-independentistas, lo ven como un término pan catalanista de un proyecto nacional geopolítico en que Cataluña sería la entidad rectora sobre las comunidades de Valencia, islas Baleares, Rosellón, Andorra y la llamada franja de Aragón, la ciudad de Alguer.

En Cerdeña así como la localidad murciana de El Carche donde se habla algo de catalán. Otras localidades dentro de Cataluña, donde su lengua es el occitano, como el Valle de Arán y la Fenolleda en el Rosellón, así como varias localidades de la comunidad valenciana donde el castellano es la lengua, también figuran incluidas en ese conglomerado.

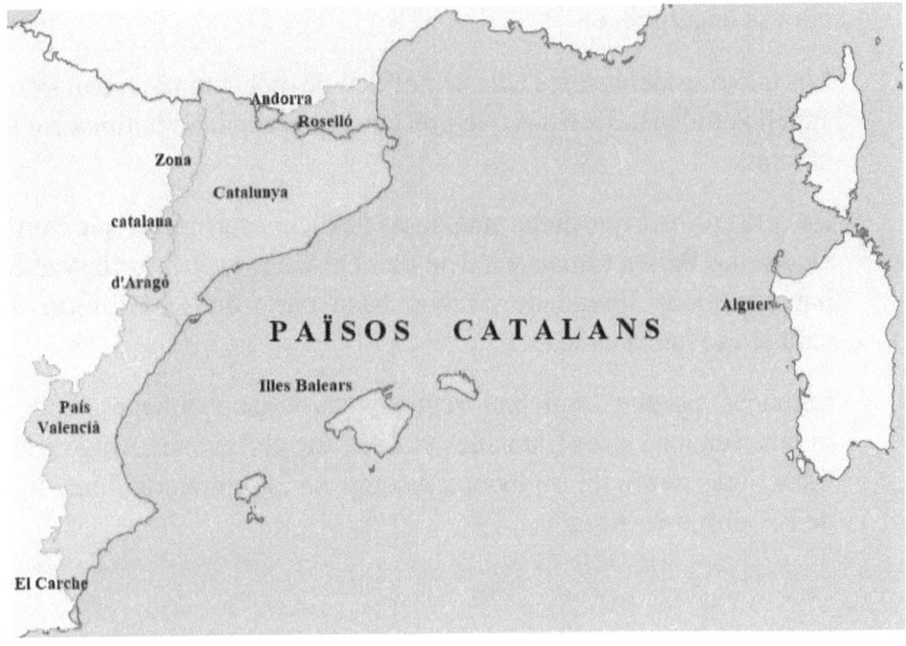

Cuenta con escaso apoyo popular, ya que es visto por los territorios arriba mencionados, como una supremacía de Cataluña, en que sería la que dictaría las directrices a seguir por los demás. Y como es obvio, en su voluntad está que las comunidades de Valencia e Islas Baleares, pasasen a usar el catalán en lugar del valenciano o balear.

Históricamente el término fue empleado por primera vez en el siglo XIX, por el valenciano Bienvenido Oliver, en su obra "Historia del derecho en Cataluña, Mallorca y Valencia" (1876). Sin connotaciones políticas y meramente cultural. Dicho término fue popularizado por el valenciano Joan Fuster, en su ensayo, "Nosotros los valencianos" (1962). En una definición lingüística y pan catalanista temporal, hasta que se produjese la unificación política de dichos territorios. Momento en el cual se llamaría a toda esa amalgama solo Cataluña.

Joan Fuster creía firmemente que la pluralidad del término serviría para frenar los impulsos particulares de las demás regiones englobadas. Sin embargo el ensayista consideraba que las localidades castellanohablantes no eran solamente prescindibles sino que constituían un obstáculo.

Históricamente hubo varios intentos para denominar solo como Cataluña a todos esos territorios. Pero eso despertó recelos en los demás territorios por esa hegemonía.

Los mayores defensores del uso político de dicho nombre, han sido todos aquellos independentistas que preconizan una unidad política bajo dicho nombre.

Resulta curioso, que dicha amalgama de dichos territorios que conforman el término Países Catalanes, deje fuera a Aragón, pues al fin y al cabo la llamada dicha Franja de Aragón hace parte de su territorio. Donde también se habla catalán.

Entonces porqué engloban regiones castellanohablantes o de otros idiomas en los Países Catalanes y al que fue el Reino de Aragón, le dejan fuera. Pues es obvio, englobar a Aragón, sería reforzar la figura histórica de la Corona de Aragón.

Algo que no le interesa para nada a Cataluña, ya que sería desmerecerla, cuando su supremacía que desean imponer, quedaría reducida, ya que no pasaron de ser un principado de ese Reino donde estaban incluidos todos esos territorios idealizados como Países Catalanes.

De ahí que haciendo una recapitulación se notan una serie de manifestaciones acomplejadas. Tergiversar la historia con un reino que jamás existió llamado "Corona Catalana-aragonesa", adueñarse de la bandera del Reino de Aragón en su estatuto de autonomía Cataluña y excluirlo a la vez de los llamados Países Catalanes. Pues de lo contrario sería un obstáculo para la supremacía de Cataluña.

Por lo tanto aspirar a que sea una realidad política algún día los llamados Países Catalanes, solo puebla las mentes enfermizas de los nacionalistas-independentistas. Que en sus sueños, se ven reconquistando el imperio medieval del Reino de Aragón.

Pero como soñar es libre, dejémoslos soñar con imposibles a todos esos que se irán a la tumba, sin ver su proyecto supremacista realizado.

Y como no cuesta dinero soñar, pueden ser bien generosos con su subconsciente, al fin las frustraciones hay que alimentarlas con algo. Y la vida también transcurre con proyectos irrealizables, pero que nos mantienen entretenidos con metas que jamás se alcanzarán. Pues no creo que Francia, Italia, Andorra y España fuesen a pasar por el aro.

Justamente en los tiempos actuales que lo que se busca es cada vez más la unificación europea, aún quedan esos decimonónicos que quieren dividir a los países creando unidades políticas mucho más pequeñas.

Hay un factor importante y es, que todas las cosas que se quieren imponer por la fuerza como hechos consumados están condenados al fracaso. Ya que, ese tipo de aberración acaba sucumbiendo a la coherencia. Por lo tanto, aunque ha habido muchos ejemplos que han tardado más o menos, al final acaba imponiéndose la razón.

Así que, podrá haber siempre mentes que crean que pueden imponer a las masas sus ideas por la fuerza, pero al final perderán la lucha con ese empeño.

Pues las cosas tienen que acabar asimilándose por la evolución de las sociedades, no por la fuerza de unos retrógrados que creen que pueden dominar a las sociedades como si fuesen ovejas domesticadas.

Por lo tanto eso de los Països Catalans, no será más que una aberración más de los delirios nacionalistas-independentistas.

La eclosión del 1 de Octubre de 2017

Ante el crecimiento cada día más del nacionalismo-independentismo en Cataluña, debido a la política de desidia de los distintos gobiernos que han gobernado este país; llegó la hora que ante su crecimiento en escaños, éstos se creyeron con la potestad de poder convocar un referéndum de consulta sobre la independencia de Cataluña. En el mal llamado derecho a decidir. Ya que la Constitución del Estado no permite tal consulta, pero eso a ellos les da igual. Dirán, nos hemos ido saltando todas las resoluciones del TSJ y hemos hecho lo que nos ha dado la gana con el gobierno de la nación en un estado de total pasividad. Por qué no apretar un poquito más, dando una vuelta de tuerca más.

Después de haber requerido varias veces al Gobierno, la convocatoria de un referéndum solo para Cataluña, sobre el derecho a decidir, saltándose la Constitución española, que no recoge tal; creyeron que el Parlamento de Cataluña, tenía el derecho a convocarlo. Ya que con nacionalistas, independentistas y populistas, tenían mayoría más que suficiente para ello.

Se explicó hasta la saciedad que dicha convocatoria era ilegal, ya que no lo recoge la Constitución, pero los convocantes siguieron igual adelante. Ya que en caso de que se llegara a convocar por consenso de todos los españoles, tendría que ser un referéndum en que se consultase si estaban los españoles de acuerdo en que una parte de la nación se independizase.

Primero habría que modificar la Constitución, pero como eso era un camino muy largo, decidieron tirar por el camino más corto, esto es, saltarse todos los trámites legales y reducirlo todo al Parlamento de Cataluña, donde contaban con mayoría suficiente para convocarlo.

La ley 19/2017, ley de referéndum de autodeterminación de Cataluña, fue aprobada, que regulaba la celebración del referéndum de autodeterminación que vinculaba la independencia de Cataluña con respeto a España.

Con una votación de 72 votos a favor, 10 abstenciones y 52 ausencias de disputados. Suspendida cautelarmente por el Tribunal Constitucional al día siguiente.

La ley fue aprobada en un pleno muy convulso el 6 de Septiembre 2017.

La votación no figuraba en el orden del día, pero los partidos independentistas, estaban decididos a echar el resto fuera como fuera. Y la portavoz de Junts pel Si, Marta Rovira pidió la palabra para, pedir la inclusión en el orden del día del proyecto de ley del referéndum. Los grupos de la oposición, Ciudadanos, Partido Socialista y Partido Popular protestaron inmediatamente. Reclamaron el dictamen del Consejo de Garantías Estatutarias y la advertencia de los letrados de la cámara que el procedimiento elegido, podía incurrir en desobediencia del Tribunal Constitucional. Por lo que el pleno fue suspendido. Los partidos independentistas sabían que estaban actuando fuera de la legalidad, pero les daba igual, era un paso más en su desobediencia de todas las resoluciones que había habido.

El secretario general del Parlamento se negó a publicarlo y a firmarlo por considerarlo ilegal. Y los letrados del Parlamento de Cataluña advirtieron de la ilegalidad que supondría tramitar la ley. Pero aun así el proyecto fue publicado por la presidenta Carme Forcadell.

Los independentistas estaban decididos a echar el resto al Estado. Lo habían hecho tantas veces anteriormente, quedando en total impunidad, que decidieron desobedecer una vez más.

El pleno se celebró hasta altas horas de la madrugada, siendo suspendido varias veces. Siendo la norma aprobada por Junts per Si y la CUP. Cataluña Si que es Pot se abstuvo, por considerar que el procedimiento no ofrecía garantías y estaba conculcando los derechos de los parlamentarios y ciudadanía.

Partido Socialista, Ciudadanos y Partido Popular abandonaron el hemiciclo, por considerar que la convocatoria, proyecto y debate eran ilegales. Nada más aprobarse la ley, se publicó en la edición digital del Diario Oficial de la Generalidad de Cataluña. Para que así el Gobierno

de Cataluña, pudiese aprobar y firmar el decreto de convocatoria, a las 23:00 h de esa misma noche. Para así tratar de impedir, que el Tribunal Constitucional pudiese impugnar. Tras la firma Puigdemont dijo, "Defenderemos hasta el final el derecho de los catalanes a decidir, ahora es la hora de la ciudadanía." Y en una correría sin fin, ya de madrugada, se nombraron los cinco síndicos electorales que debían regir el referéndum.

A modo de protesta, los diputados del Partido Popular, extendieron sobre sus escaños vacíos del Parlamento de la Generalidad, banderas de Cataluña y España. Cosa que en su delirio independentista, la diputada Angels Martinez Castells, procedió a retirar enseguida las españolas.

La reacción del gobierno de Mariano Rajoy fue rápida y por medio de Soraya Santamaría declaro, "este pleno ha sido una vergüenza democrática, más bien propio de los regímenes totalitarios, atropellando a los catalanes y a la democracia."

El 7 de Septiembre de 2017 el Tribunal Constitucional anuló el referéndum, apercibiendo a los 948 alcaldes catalanes y 62 cargos de la

Generalidad de que no podían organizar el referéndum del 1 de Octubre de 2017. La Fiscalía General del Estado presentó, una querella por desobediencia, prevaricación y malversación de caudales públicos contra la presidenta del Parlamento autonómico. Al día siguiente el Tribunal Superior de Justicia de Cataluña, ordenó la intervención de urnas y otros objetos del referéndum.

Al día siguiente el gobierno de la Generalidad aprobó la Ley de Transitoriedad, en una sesión convulsa, donde la oposición volvió a protestar y ausentarse. Pero estaba claro que los independentistas estaban decididos a que no había marcha atrás. Y fuese de manera legal o ilegal, estaban decididos a oponerse a todas las decisiones del Estado.

La ley no fijaba ningún mínimo de participación, simplemente si los votos a favor eran mayoría, se declararía la independencia de Cataluña en las 48 horas siguientes al referéndum.

El referéndum del 1 de Octubre de 2017

El parlamento de la Generalidad de Cataluña, tenía decidido que fuera por las buenas o fuera por las malas el referéndum se iba a realizar, fijando la fecha del 1 de Octubre de 2017.

Sin guardar garantía alguna sobre la realización del referéndum con garantías, empezaron a fabricarse las papeletas de manera ilegal en imprentas y comprar urnas para mantener escondidas. No se sabía de dónde venían las papeletas, si reunían los requisitos y cuando llegarían a los colegios electorales. Ya que se decidió que los Colegios públicos de la Generalidad, serían los lugares elegidos para votación. Estableciendo que el referéndum sería vinculante y que se proclamaría la independencia dos días después de los resultados.

La ley es ilegal por ir en contra de los estatutos del parlamento de Cataluña, que establece 2/3 para cualquier modificación del estatuto de Cataluña.

Días previos a la celebración del referéndum, el movimiento independentista, provocaba algaradas, boicots, manifestaciones en la calles de las ciudades, para meter presión al gobierno, como que era algo inexorable. Para sembrar el caos, se cortaron autovías, carreteras, trenes, metro; etc.

A los independentistas les daba todo igual, aunque se declarase que era ilegal, que no reunía las garantías de organismo internacionales para valorar su limpieza; etc.

La intención era provocar la máxima presión social, para coaccionar a la población, de manera que acongojasen a los que trataban de cumplir la ley y a la vez envalentonar a todos aquellos que se estaban saltando todos los derechos democráticos.

La Fiscalía del Tribunal Superior de Cataluña, solicitó a la Guardia Civil, Policía Nacional y Mozos de Escuadra, que incautasen todo el material relacionado con el referéndum. Cosa que solo se pudo hacer parcialmente, descubriendo las papeletas en alguna imprenta, cuando la mayoría aparecía de repente en los maleteros de los coches que se situaban a las puertas de los Colegios.

La pregunta que se planteaba en el referéndum era, "¿Quiere que Cataluña sea un estado independiente con forma de república?" Marcando un "si" o un "no".

El Gobierno de la nación, demostró una falta de eficacia, al querer detener la votación de una manera anárquica. Ya que hubo una desorganización total de si eran la Guardia Civil, la Policía Nacional o los Mozos de Escuadra, los que debían situarse en los colegios para impedirlo.

Además, en lugar de bloquear las fuerzas de seguridad del estado con antelación los colegios donde se realizarían las votaciones, se dejó todo para última hora. Personándose el mismo día de la votación en los colegios, que ya tenían de antemano, organizados piquetes independentistas, para impedir la actuación de las FFCCSE. Produciéndose choques violentos en las puertas de dichos colegios.

La Guardia Civil y la Policía Nacional, realizaron su cometido, dentro del caos de los colegios. Pues todo hay que decirlo, que el nivel organizativo de las FFCCSE fue caótico.

Donde hubo actos de violencia en contra, quedando patente que los Mozos de Escuadra, mostraron en todo momento una actitud de pasividad y desidia, como si estuviesen obedeciendo las directrices del gobierno independentista de la Generalidad. Llegando a haber por ello, algunos choques entre los cuerpos de seguridad del Estado y la policía autonómica de Cataluña.

Más de 400 colegios fueron cerrados, intervenidos o precintados. El portavoz del gobierno de la Generalidad de Cataluña, Jordi Turull declaró que, el apoyo a la independencia había superado el 90%.

Dándose el resultado final con el 100% del escrutinio el 6 de Octubre de 2017. Con un total de 2.262.424 papeletas, 2.020.144 votos a favor y 176.565 votos en contra. Con una participación del 43, 03%. Quedando dicho resultado en entredicho.

Ya que no se seguía un orden de empadronamiento para votar, con presentar el DNI era más que suficiente. De manera que una misma persona podía votar cuantas veces quisiera en diferentes sitios.

Ante tantas irregularidades e incoherencias, los resultados fueron cuestionados por la falta de un órgano independiente que lo ratificase.

Entre los observadores internacionales, dijeron que ley del referéndum no reunía una serie de buenas prácticas y que el referéndum no cumplía los estándares internacionales, declarándolo ilegal. Corroborando la comisión europea dicha ilegalidad.

Pues es obvio, que el cuerpo de los Mozos de Escuadra, tenía dentro de sus cuadros, varios miembros de tendencia independentista. Con la excusa de que era mejor no actuar, para evitar daños mayores, que tratar de impedir el referéndum. En una clara manifestación que, en lugar de formarse un cuerpo policial independiente políticamente, justamente se había ido formando al revés, nutriéndose de afines al independentismo.

En medio de todo ese caos y de ilegalidades, el independentismo estaba decidido a seguir adelante fuera como fuera. Al haber llegado hasta ahí.

El día de la proclamación de la independencia de Cataluña en el parlamento de Cataluña, no se notaba el entusiasmo que tal acto tendría, sin duda, porque eran conscientes de que se había proclamado llena de irregularidades. Y prueba de ella es que Puigdemont, tan pronto como la proclamó, dijo que quedaba en suspenso dicha proclamación. Diciendo que había que mantener el pulso al país con civismo, señalando que el "parlamento" legítimo ha dado un paso "largamente esperado", culminando el "mandato de las urnas". Sus palabras ha dicho, que han salido del "corazón" pero también de la "razón" y la "legitimidad."

Un mandato de las urnas que fue un guirigay, donde las irregularidades fueron manifiestas.

Apareciendo y desapareciendo las urnas, votando cuantas veces se quisiera, ya que no iba por censo, bastaba con presentar el DNI. Una legitimidad avalada solo por los independentistas, ya que no contaba con los interventores de otros partidos. Vamos que dentro de sus momentos trágicos, la votación parecía más bien una película de los Hermanos Marx, donde cada cual hacía lo que le daba la gana.

Se le notaba a Carles Puigdemont, que sus palabras pronunciadas eran más ilusión que convicción. Vamos que la presión independentista había triunfado sobre su voluntad de convocar elecciones autonómicas y seguir

por la vía de la legalidad. Pero no las tenía todas consigo, por la forma como se habían producido. De ahí que se observara cierta inseguridad entre los dirigentes independentistas, medio aturdidos por lo sucedido en una situación de total entredicho a ojos de la prensa internacional.

Prueba de ello es, que el 10 de Octubre de 2017, Puigdemont en una intervención en el Parlamento de Cataluña, para dar a conocer los resultados del referéndum, como no las tenía todas consigo, declaró que asumía el mandato de que Cataluña se constituyese en un estado independiente en forma de república. Para acto seguido proponer que "el Parlamento suspenda los efectos de independencia, para que en las próximas semanas emprendamos el diálogo. Solo habían pasado ocho segundos entre la proclamación y la suspensión de la independencia. Conscientes que habían llegado demasiado lejos, no sabían muy bien a dónde habían llegado con semejante simulacro. Pues las ilegalidades eran tal, que ningún país reconoció dicha independencia. Muy a su pesar para los nacionalistas-independentistas, que esperaban que sus delirios serían refrendados por distintas naciones.

Activación del artículo 155 de la Constitución Española

Al día siguiente el gobierno de España hizo un requerimiento a Puigdemont, para que aclarase si efectivamente había declarado la independencia. Como paso previo a la intervención del Estado a la autonomía, según el artículo 155 de la Constitución Española.

Se presentó por el Gobierno, ante Puigdemont, para que aclarase si efectivamente había proclamado la independencia. A lo que éste respondió de forma ambigua, sin aclarar nada. El Gobierno activó un segundo plazo para el requerimiento, ante la cual Puigdemont amenazó que si se aprobaba el artículo 155 el Parlamento votaría la independencia. Ante la respuesta otra vez ambigua, que además se entendía como una amenaza, el Gobierno anunció que continuaría con el artículo 155.

Ante tal situación, el Martes, 24 de Octubre el Gobierno de Cataluña se reunió para debatir la convocatoria de elecciones autonómicas para parar el artículo 155.

Saliendo dos posturas, la de las elecciones y la de la confirmación de la independencia. A las tres de la madrugada del día 25 de Octubre, tras un acalorado debate, se decidió que se votase por convocar elecciones como forma de parar el artículo 155.

Carme Forcadell y los partidarios de la independencia, no estaban por la labor de convocar elecciones, querían seguir adelante. Puigdemont les replicó, no tenemos nada, ni estructuras de estado, no tenemos ningún fondo económico, no tenemos mediador internacional ni a los mozos de escuadra; etc.

ERC con Oriol Junqueras al frente, amenazó que abandonaría el gobierno si se convocaban elecciones al Parlamento de Cataluña.

Ante tal clima de tensión entre el Gobierno del Estado y el Gobierno de la Generalidad independentista, intentó mediar el lendakari Urkullo. Ya que Puigdemont se veía contra la pared, por un lado las amenazas de sus socios ERC y por el otro lado no se fiaban de las garantías que le ofrecía Mariano Rajoy, de que el artículo 155 se activaría pero no se ejecutaría. El 27 de Octubre el gobierno de la Generalidad se reunió para tratar el tema de la independencia. Los parlamentarios de Junts per Si y la CUP, presentaron la propuesta de la declaración de la independencia, antes que

se produjera la votación, Ciudadanos, PSC y Partido Popular abandonaron la cámara en señal de protesta. Con un resultado de 70 votos a favor, 10 votos en contra y 2 votos en blanco.

El 31 de Octubre de 2017 el Tribunal Constitucional suspendió la autonomía de Cataluña. Tras la aprobación por el Senado del artículo 155 Mariano Rajoy anunció el cese del gobierno catalán y la convocatoria de elecciones para el Parlamento de Cataluña el 21 de Diciembre de 2017.

Puigdemont grabó un mensaje frente a la delegación de la Generalidad en Gerona, en el que decía que no se consideraba cesado por el artículo 155.

Puesto que según él, solo el Parlamento de Cataluña tenía tal facultad.

El 29 de Octubre de 2017, ante el talante que iban tomando las cosas Puigdemont, abandonó su domicilio en Gerona en un acto de heroísmo de incógnito, camuflado en un coche, dejando el marrón a los demás que le habían acompañado en la aventura independentista. Como diciendo, ahí os quedáis yo me largo para huir de la justicia y no tener que afrontar las consecuencias penales. Para cruzar la frontera francesa y dirigirse a Marsella y desde allí coger un avión que le llevase hasta Bruselas. El 30 de Octubre saltó la noticia de que Puigdemont se encontraba en la capital comunitaria. Pronto se supo también que siete consejeros del gobierno catalán también se encontraban en Bruselas. Lluis Puig, Clara Ponsati, Toni Comin, Meritxell Serret, Meritxell Borràs, Joaquím Forn y Dolors Bassa.

Quedándose sorprendidos los de su propio partido el PDeCat y los de ERC, ambos socios del gobierno. Ya que desconocían que se fuera a realizar dicha maniobra. Los tres últimos decidieron no quedarse en Bruselas y volver a España para presentarse ante el juez de la Audiencia Nacional que los había citado a todos.

Por lo tanto los catalanes independentistas debieron sentirse muy orgullosos, de tener a su representante Puigdemont instalado en un chalet en la localidad de Waterloo. Como queriendo emular a Napoleón, que se jugó el fin de su imperio en dicha localidad. Allí empezó a pasear y dar conferencias, mientras que sus correligionarios asumían con dignidad lo que habían violentado legalmente.

Echando toda la carne en el asador

El independentismo estaba decidido que una vez que habían echado el resto al Estado, continuarían con su política de llevar a Cataluña al caos, para así intentar doblegar y forzar la negociación al Estado.

A la vista que el Gobierno de la nación quería que hubiera consenso en la aplicación del artículo 155, éste se aprobó de manera "descafeínada". Ya que el Gobierno tenía "miedo", puesto que era la primera vez que se aplicaba y no se sabía que consecuencias traería.

Se intentó dialogar con las fuerzas independentistas, donde Soraya de Sáenz Santamaría sería la encargada de intentar el acuerdo con Oriol Junqueras, que como vicepresidente de la Generalidad y artífice del "Procés", había posibilidades de poder negociar y llegar a buen puerto.

Con dos posturas enfrentadas en el Gobierno, la parte encabezada por Cospedal, Zoilo y Xavier García Albiol, partidarios de la línea dura quese aplicase de inmediato. Mientras que Mariano Rajoy y Soraya eran partidarios de un artículo 155 más "light". Para ello buscaron la alianza del PSOE y Ciudadanos. Los socialistas no querían un artículo 155 contundente, por eso Pedro Sánchez apoyó al Gobierno bajo unas condiciones, que eran no intervenir a TV3, foco agitador del independentismo, que tanto daño había hecho, no intervenir las competencias en enseñanza (la inmersión lingüística), que era uno de los baluartes del independentismo y convocar unas elecciones lo más rápido posible al Parlamento de Cataluña.

Vamos que el Gobierno se vio atado por las condiciones del PSOE. Pues aunque quedó intervenida la Generalidad y los Mozos de Escuadra, fue una intervención "light", ya que no querían que los catalanes percibiesen que sus valedores quedaban sin poder alguno. Y como es obvio, el convocar elecciones lo más pronto posible fue, para que no pareciese que el Gobierno de la nación había anulado contundentemente el poder de los sediciosos. Puesto que creían que sería demasiado duro, que sus pilares del independentismo fuesen anulados. Y que sería más conveniente que siguiesen con sus desmanes como hasta antes de la declaración de la DUI.

Puesto que sino, hacer ver a los independentistas que el Estado les había doblegado, podría ser demasiado humillante. De manera que al saber que podían seguir lanzando soflamas por TV3, continuar con sus atropellos en la enseñanza, no se sentirían tan machacados. Vamos hacerles ver que el Estado una vez más había aceptado la política de "palo y zanahoria."

 Pues ya tiene lo suyo que, además de saltarse la ley, el Gobierno temiese que podía enfadar más a los sediciosos y así con la prontitud podrían sacar ventaja electoralmente. De manera que la ciudadanía percibió el artículo 155 como una forma de querer imponer, sin llegar a imponer del todo lo que implica.

La destitución de los agitadores

En el río revuelto que había sembrado el independentismo, de intentar colapsar al Estado, las figuras más agitadoras como Jordi Sánchez Picanyol, presidente de Asamblea Nacional Catalana entre 2015 y 2017, más Jordi Cuixart Navarro, presidente de Omnium Cultural fueron dos de las figuras prominentes de la agitación social, buscando el caos en Barcelona todo lo posible.

Ambos, como los delata sus apellidos Sánchez y Navarro, son medio-charnegos, para los nacionalistas catalanes puros. Pero como ya se mencionó en su anterioridad, toda ayuda para la causa es bienvenida, venga de donde venga.

Jordi Sánchez, licenciado en Ciencias Políticas y profesor universitario, el 22 de Septiembre de 2017 el fiscal de la Fiscalía de la Audiencia Nacional, presentó una denuncia contra él por un presunto delito de sedición por su participación en "concentraciones y manifestaciones llevadas a cabo para impedir por la fuerza la actuación de las autoridades y sus agentes en el ejercicio de sus funciones en defensa del ordenamiento constitucional."

Javier Cuixart, estudió Formación Profesional Industrial, fue acusado de sedición por la fiscalía a raíz de las numerosas concentraciones de protesta en las que participó.

Ambos ingresaron en la prisión de Soto del Real, condenados a 9 años de prisión, lo que provocó que hubiese numerosas manifestaciones en Barcelona y en varias localidades de Cataluña, exigiendo su liberación.

Considerándose inocentes, han reafirmado que volverían a hacer por lo que fueron imputados, pues según ellos no han hecho más que exigir el derecho de autodeterminación de los pueblos.

Vamos, como si Cataluña fuese una colonia y que todas sus algaradas que han provocado pérdidas millonarias en la economía de Cataluña y en los destrozos de material urbano e intento de implantar en la sociedad catalana una "dictadura independentista." Cuando es la región que mayor techo competencial tiene de Europa, pero según ellos España es la mala que roba a Cataluña.

La "embajada" de Puigdemont

Con la fuga oculta de Puigdemont y otros correligionarios, se instalaron en Bruselas, a modo de crear una especie de "Gobierno en el Exilio", para llamar la atención y obtener el reconocimiento internacional.

Instala su "Embajada" en una casa alquilada, pagada por simpatizantes de su causa. Desde allí empieza a desplegar todo tipo de acciones que puedan llamar la atención. Desde donde piensa poder concurrir al Parlamento Europeo y hacer ver las reivindicaciones que él cree justas del pueblo catalán.

Empieza a pasearse por distintos lugares y países, como forma de escarnio ante el Gobierno de España. Ya que la torpeza de nuestros magistrados por defecto de forma, le han hecho poder evadirse de las acciones penales de las que fue acusado desde España.

Tratando siempre de reforzar su figura de "presidente del Gobierno Catalán" en el exilio ha ido pronunciando conferencias con la finalidad de lograr el reconocimiento de su postura.

Aunque de manera velada, para muchos catalanes fue visto como un traidor, ya que se fugó para eludir sus responsabilidades de sus actos, mientras que otros dirigentes catalanes, con Oriol Junqueras a la cabeza, han asumido todas las consecuencias sin temblarle la mano.

Ante el fracaso de no haber logrado el reconocimiento internacional que esperaba, a Puigdemont no le queda más que seguir moviendo los hilos desde el exterior, a través de su partido Junts per Sí. Una manera de influir en Cataluña a distancia, pues en esa lucha por erigirse como líder del independentismo anda enfrascado con ERC, partido con el que busca la unidad independentista. Solo que con puntos de vista muy divergentes, ya que mientras que Junts per Si (antigua Convergencia y Unió) es de corte conservador de la burguesía catalana, ERC es un partido de marcado corte de izquierdas.

Puigdemont, trata por todas las maneras, que su figura no se vaya desvaneciendo en el tiempo, pues sabe que el triunfo de ERC en las elecciones al parlamento catalán, podrían significar su fin.

Juicio al "Procés"

Habiéndose eternizado desde 2017 a 2019 el desarrollo del juicio contra los independentistas que cometieron un acto de sedición, durante dos años fue noticia como si de una novela se tratase por capítulos.

Primero el juez Pablo Llarena coordinó una instrucción entre 2017 y 2018 en una acusación contra 18 personas, incluyendo la práctica totalidad del Gobierno de Cataluña. Más Jordi Sánchez, Jordi Cuixart, Carme Forcadell y varios miembros de la Mesa del Parlamento de Cataluña. Así como la cúpula de los Mozos de Escuadra.

Con la finalidad de que fuese reconocido la total transparencia y derecho a los actos de la defensa, con innumerables recursos, se fue prolongando en el tiempo. Ante las acusaciones de desobediencia, usurpación funciones públicas y malversaciones de fondos públicos.

El 14 de Octubre 2019 se dio a conocer la sentencia en firme, en la que se condenó a los enjuiciados a penas que iban de los 9 a los 13 años. Por los delitos de sedición, malversación de caudales públicos y desobediencia.

Como reacciones a al juicio por parte independentista, se produjeron manifestaciones y concentraciones por toda Cataluña, con cortes de carreteras y vías férreas. Bloqueo del aeropuerto de Barcelona, que obligó a la cancelación de más de 100 vuelos. Graves disturbios en Barcelona y otras ciudades, incendios y levantamiento de barricas por grupos independentistas violentos; etc. Actos que fueron alentados por el Presidente de la Generalidad Quim Torra que decía…"apreteu, apreteu", Mensaje dirigido a los CDR (Comités de Defensa por la República). Que eran los responsables de organizar todas las acciones que condujesen a sembrar el caos.

Por parte de los partidos constitucionalistas, se organizó una masiva manifestación SCC (Sociedad Civil Catalana), PSOE, PP y Ciudadanos que ocupó todo el centro de Barcelona, en defensa de las instituciones legales. Como forma de corroborar que una gran parte de la sociedad catalana no estaba por la labor de sembrar el caos que tanta ruina y división estaba provocando. De vivir callada bajo "el terror del miedo."

Elecciones del 21 de Diciembre 2017

Con la finalidad de que el artículo "light" del 155 pareciese lo menos invasivo posible en las competencias de la autonomía de Cataluña, se convocaron las elecciones al Parlamento con la mayor premura. Dando la sensación, como que el Estado no se sentía cómodo al haber abortado el intento sedicioso de los independentistas del Parlamento de la Generalidad. Y quería cuanto antes que se normalizase la situación a como estaba antes de la intentona separatista.

La convocatoria de dichas elecciones tuvo lugar después que el Senado aprobara el artículo 155 en la comunidad autónoma de Cataluña. Cesando a Carles Puigdemont, Oriol Junqueras y el resto de los miembros del consejo autonómico.

Tras la celebración del resultado de las elecciones, arrojó un resultado en escaños de:

Ciudadanos 36

Junts per Cataluña 34

ERC 32

PSC 17

Catalunya en Comú – Podemos 8

CUP 4

PP 4

A pesar del gran vuelco que reclutó Ciudadanos, alzándose como el partido mayoritario, le resultó inviable poder formar gobierno, por eso ni lo intentó, puesto que sabía que la oposición (Junts, ERC y CUP sumaban 70 escaños) mientras que el bloque constitucionalista (Ciudadanos, PSC, Podemos y PP sumaban 65 escaños).

Y obviamente el sector independentista cerraría filas con tal de impedir que gobernasen los llamados constitucionalistas. Por eso Ciudadanos no intentó siquiera formar gobierno, pues sabía que saldría derrotado su intento y serviría para más regocijo aún del independentismo.

La locura del independentismo

En medio de todo ese contubernio de la lucha fratricida entre independentistas y constitucionalistas, durante el proceso soberanista de Cataluña 2012-2018 los sectores secesionistas catalanes quisieron promoverlo como símbolo el "lazo amarillo". Usando los senadores catalanes, dicho lazo como forma de reivindicar el derecho de autodeterminación de Cataluña.

La Asamblea Nacional Catalana y Omnium Cultural, con motivo del encarcelamiento de Jordi Sánchez y Jordi Cuixart, pidieron que el lazo amarillo pasase a ser la forma de reivindicar la libertad de los presos políticos catalanes presos.

Desatándose la locura de ver invadidos varios medios políticos y urbanos, con miles y miles de lazos gigantes desplegados en fachadas de edificios, sillas vacías con lazos, gente vestida de amarillo agrupada; etc. Las playas, los árboles, farolas, placas de señalización fueron completamente copadas con lazos amarillos. De tal manera que era imposible no alzar la vista y no ver un lazo amarillo por todos los sitios.

Lo que hizo que el sector constitucionalista de la sociedad se hartase de ver los lazos desperdigados por todas partes, como si toda la sociedad catalana fuese monolítica. Dando lugar a las brigadas anti-lazos amarillos. Que pasó a actuar durante las noches, con palos con una navaja atada en la punta, con los que se dedicaban a cortar y retirar todos los lazos amarillos posibles.

Se produjeron varios enfrentamientos, en diversos espacios públicos entre independentistas y constitucionalistas. Teniendo que intervenir las fuerzas de seguridad del Estado.

Varios políticos fueron acusados por poner dichos lazos en las casas consistoriales y demás edificios, obligándoles a su retirada. Cosa que al desobedecerse, les acarreo multas y el cese de algunos políticos por desobediencia. Siendo Quim Torra la figura más preeminente en ser sancionada, ante su negativa a obedecer los requerimientos para la retirada de dichos símbolos. Lo que llevó a que fuera inhabilitado por desobediencia, como presidente de la Generalidad.

La guerra de banderas

En el estatuto preliminar de la Constitución, se reconoce el derecho de que podrán reconocer banderas y enseñas propias de las autonomías, que deberán figurar junto a la bandera de España en sus edificios públicos y en sus actos oficiales.

Pero parece ser que según sea el color del gobierno de la región, esto se acatará o no. Pues en una actitud desafiante ante el Estado, determinados políticos no respetan tal artículo preliminar de la Constitución, pues simplemente no ponen la bandera de España. Para así recalcar ante sus electores, que no se doblegan. Aunque después tengan que pagar la multa.

Como ejemplo tenemos lo que sucede en algunas regiones, donde el gobierno autonómico multa por poner la bandera de España, como sucedió en Barcelona, donde unos entusiastas de la fiesta nacional del 12 de Octubre engalanaron el centro con varias banderas, siendo multados por los Mozos de Escuadra, achacando que no tenían permiso. Pero días más tardes Omnium Cultural, pusieron banderas independentistas y no fueron multados. Lo que viene a confirmar el doble rasero, de si son o no de la misma cuerda que los de la Generalidad que gobiernan.

Y otros ultrajes que se cometen como quemar la bandera de España, no acarrea ningún tipo de sanción. Pues aunque está tipificado como un delito grave agraviar las enseñas nacionales, al final la cosa queda en nada. Cosa que en otros países si está penalizado por ser un emblema nacional.

Pues siempre se excusa el no castigo, con intentar limar asperezas entre los gobiernos de las autonomías y el del Estado. Pues al final esos que queman la bandera tienen en cierta manera la connivencia de los políticos afines.

Por eso la quema de banderas de España en partidos de futbol queda en la total impunidad. Ya que las autoridades creen que el daño podría ser mayor que el remedio.

Los Lazos Amarillos

A la vista de que se acabó imponiendo el descafeinado artículo 155, los nacionalistas-independentistas, no se les ocurrió otra cosa que buscar un emblema que les representase dentro de su victimismo. Buscando como objeto representativo **"el lazo amarillo."**

Presumiendo de originalidad, el lazo amarillo, que ha sido utilizado por innumerables causas en varios países. Fue adoptado por los sectores secesionistas catalanes como símbolo, que lo quisieron promover durante 2012-2018, sin mucho éxito.

Como forma de reivindicar el derecho a la autodeterminación de Cataluña. Alcanzando cuotas de locura social, empezando una lucha sin cuartel entre los que los ponían y los que se dedicaban a retirarlos.

Todo aquél proclive a la secesión, se empeñó en ponerlos por doquier. Lo que causo que muchas localidades se viesen invadidas de lazos amarillos atados por todas partes. Siendo una raridad no pasar por algún lugar y no ver alguno.

Tal ofuscación por invadir todo espacio posible con ellos, desató la reacción de aquellos, que aunque no querían meterse en fregados, sufrieron la hartura de verlos atados por todo su alrededor. Lo que provocó que se formasen brigadas para ir quitándolos.

Eso condujo a varios enfrentamientos callejeros entre los partidarios y los detractores. Llegando muchas veces a las manos. Ya que hasta los lugares de ocio como las playas, se llenaron también de banderas clavadas en la arena, amarillas. Y ante tal hartazgo, para no sucumbir a la violencia empleada por los que los ponían, las brigadas anti lazos empezaron a organizar patrullas que salían por las noches, para contribuir con su grano de arena, en luchar contra la barbarie de los que los ponían. Robando muchos de ellos, horas de sueño, con tal de que no quedase impune la colocación de los mismos. Pues ese confronto entre pro-lazos y anti-lazos, no era ni más ni menos que la confrontación en que ha quedado divida la sociedad catalana.

La cosa llego a tal extremo, que ni se respetaban los edificios y propiedades privadas. Llegaban los secesionistas y te lo plantaban delante de tu cara en tu propiedad. Siendo algunos de ellos encausados judicialmente por desobedecer la ley sobre su instalación.

Las veces que intervenían los Mossos de Esquadra, no mostraban una actitud imparcial, puesto que se limitaban a seguir las órdenes de quien mandaba, que en este caso eran los independentistas en la Generalidad.

Que cuando ocurrían enfrentamientos, hacían la vista gorda ante las actitudes de los secesionistas. Postulándose claramente a favor de éstos y dando la espalda a las reclamaciones de los constitucionalistas. Que veían sus derechos pisoteados.

Que mientras contra ellos llegaban a ensañarse con identificaciones, multas y detenciones, por el lado de los secesionistas, la permisividad era mucho más laxa.

El futuro de los nacionalismos

Aunque el auge de los nacionalismos tuvo su despertar en el siglo XIX, continuó hasta la mitad del siglo XX. Cuando se fueron desvaneciendo los últimos imperios. Empezando por el imperio español que con casi 500 años llegó a su fin en las postrimerías del siglo XIX; el imperio otomano que ocupo oriente medio, parte de Asia y los Balcanes; el imperio austro-húngaro; el impero francés y el imperio británico, siendo que estos dos últimos se formaron tuvieron menor tiempo de duración, ya que fueron producto de la carrera colonialista del siglo XIX.

En esos casos, la justificación liberadora de esos pueblos era, que no eran más que objeto de explotación ganancial por partes de sus metrópolis. De ahí sus ansias de liberarse de ese yugo explotador.

Pero en el caso europeo, se produjo un caso al revés, ya que en el siglo XIX había pueblos que formando una unidad socio-lingüística se encontraban dispersos en reinos, principados, ducados, condados; etc. Por eso Alemania e Italia, solo completaron su unificación en el final del siglo XIX, constituyéndose en una unidad política.

A raíz de los dos grandes conflictos bélicos, 1ª guerra mundial y 2ª guerra mundial, surgió la idea de la de la Unión Europea con los anhelos de acabar con los frecuentes y cruentos entre vecinos. Para forjar una unión económica y política de los países europeos para lograr una paz duradera.

Por eso, ese pensamiento decimonónico del nacionalismo, ha quedado desfasado, ya que los logros de autogobierno de los territorios han alcanzado cuotas mayores inclusive que otros países.

En el caso concreto de España, muchas de las reivindicaciones históricas de los territorios se han logrado, en defensa de su idioma, cultura, gestión económica; etc. Por lo tanto la idea de disgregarse cuando se camina con fuerza para la unificación europea, ha cogido con el pie cambiado a esos que dicen buscar la autodeterminación.

No hay ninguna nación europea que tenga un techo competencial en sus territorios mayor que España.

O es que con esa excusa vamos a ir disgregándonos, hasta llegar otra vez a las ciudades estado de la antigua Grecia. Pues como es obvio, esos que dicen buscar la autodeterminación, tendrán parte de sus territorios que reclamarán lo mismo, en un suma y sigue sin fin.

El paso del tiempo hará que la coherencia se acabe imponiendo sobre lo absurdo, de manera que los políticos independentistas no podrán seguir manipulando a los ciudadanos como si fuesen borregos.

Porque no hay duda que esos que han hecho de la lucha independentista, su *modus vivendi*, necesitan que ese ambiente de confrontación y enfrentamiento ideológico continúe.

Pero llegará un momento en que la sociedad se habrá cansado de ser manipulada y entrará en razón, de que se puede vivir en paz defendiendo su identidad particular de cada región sin esa lucha fratricida de enfrentarse unos a otros.

El respeto entre las partes será lo que haga acabará imponiendo la coherencia de hacer que haya una convivencia pacífica en la sociedad. Ya que la identidad de los pueblos no viene marcada por una frontera física, sino por mantener sus valores culturales.

Aunque la descentralización del país nos haya conducido a una situación que roza el absurdo en determinados aspectos, poco a poco las cosas se irán poniendo en su sitio, pues aunque el absurdo pueda triunfar en principio, al fin la pura lógica de lo correcto se acabará imponiendo de manera natural.

Por desgracia, otras regiones del Estado se dieron cuenta, que si no querían quedarse como regiones de segunda categoría, tenían que reivindicar igual, si querían acercarse a las llamadas históricas.

Ya que cuando se aprobó el estado de las autonomías, parece ser que no se puso límite, cosa que ha creado que haya una reclamación permanente de los territorios. De forma que nunca llega el final, de manera que algunas de esas regiones, hayan visto en eso la manera de ir obteniendo cesiones constantes por parte del Estado, hasta que llegue un momento en que ya no haya nada que ceder, pues habrán logrado la independencia a plazos.

Los agitadores nacionalistas

Habiendo hecho del nacionalismo su forma de asegurarse su sustento económico, la figura de los agitadores se han establecido. Como forma de asegurarse su continuidad muchos inútiles que no tienen ni profesión ni beneficio.

Su única función es sembrar el caos en la sociedad, provocando en ella un hastío, ante los destrozos, algaradas, deterioro de material urbano; etc. En su intolerancia, no permiten siquiera que aquellos que no comulgan con sus ideas, puedan vivir tranquilamente. Ya que se ven sometidos de manera indirecta al terror de esos impresentables.

Es espantoso observar, que esos que tanto dicen luchar contra las injusticias, aprovechen las manifestaciones para destrozar todo aquello que se les pone por delante. Rompiendo escaparates, incendiando vehículos y motos, saqueando las tiendas como auténticos ladrones; etc. Me gustaría observar a esos que provocan sus destrozos, cuál sería su reacción si fuese su casa, su negocio o su coche lo destrozado.

Seguro que darían vítores, ilusionados por el caos, ¿verdad?

Todos esos agitadores, están organizados como guerrilla urbana por los partidos nacionalistas-independentistas, llegando inclusive a atreverse a atacar a las fuerzas de seguridad, sabedores que éstas, a pesar de su superioridad en medios, están completamente maniatados por los políticos que les cortan su capacidad de respuesta. Siguiendo muchas veces las directrices de esos propios políticos, que manejan la situación de los agitadores, según sus intereses.

Es deplorable comprobar las calles llenas de contenedores quemados, destrozos de tiendas y todos los desperdicios desperdigados por las aceras. Mientras que los transeúntes, ajenos a toda esa guerrilla urbana, con mirada resignada, se sienten impotentes.

Pero esa es por desgracia, la realidad que tienen que soportar los ciudadanos civilizados, por culpa de esos que no toman las decisiones pertinentes, para acabar con ese caos, que está estrangulando la paz social.

Las propias fuerzas de seguridad expresan sus quejas, por las faltas de efectivos y medios, además de la inoperancia de los políticos, que parecen querer usarlos más como marionetas de sus intereses, que como fuerza para atajar los desmanes de esos que solo saben destrozar.

El hartazgo de la política autonómica

Toda esa serie de atropellos que han sido impuestos por los políticos que gobiernan las distintas regiones, han provocado que se produzca un hartazgo social hacía el régimen de autonomías.

Algo que empezó con un fundamento coherente de restañar las heridas del pasado, para solucionar las injusticias cometidas, ha dado paso a que se vuelvan a repetir los errores de la historia, en que el abuso de exceso de poder haya invertido las cosas y donde se pecaba por defecto hayamos pasado a pecar de exceso. Como si el ser humano, no sea capaz de evitar que los errores se repitan, aunque sea en detrimento de la sed de venganza.

Y en ese juego del nunca acabar, nos hayamos sumergidos, provocando que en la sociedad lleguen a plantearse si no es un error el régimen de autonomías. Dando paso a que surjan partidos que son llamados reaccionarios, por defender la abolición del régimen de autonomías.

Pero hay algo que es obvio, todas esas manifestaciones que se realizan a través de esos partidos, organizaciones o asociaciones, solo indican que algo se está haciendo mal. Pues si han surgido es, porque la sociedad comprueba que algo no está funcionando de manera correcta. Con lo cual habría que pensárselo, en qué estamos fallando.

Hay un hartazgo social, de que aquello que empezó como forma de restituir y mejorar la convivencia social, se ha ido tragando cualquier principio. De manera que es como si esas mejoras que se impulsaron para subsanar los errores del pasado, han ido creciendo y creciendo hasta transformarse en un monstruo desbocado.

Pues ese llamado estado de las autonomías, que fue creado para dotar a las distintas regiones de los medios para atender sus particularidades, fue creciendo sin un final. Pues las reivindicaciones de éstas eran infinitas. Y cada vez que se les concedía algo, inmediatamente se reivindicaba otra cosa más.

Probablemente el gran error del Estado fue, no fijar el punto final de esas reivindicaciones, que han hecho que la figura de éste quede diluida de manera residual. Al haber ido traspasando sus competencias hasta alcanzar grados inverosímiles. Lo que ha provocado, que en muchos momentos en nuestra sociedad en que han surgido problemas a nivel estatal, sea un auténtico galimatías poner a todas esas comunidades de común acuerdo.

De manera que aquello que fue acogido como un síntoma de progresismo por la sociedad, con cierto entusiasmo por su aperturismo, ha derivado en que una gran parte de la sociedad esté asqueada, excepto claro está los fanáticos.

Pues la gente ve un sinsentido, en la reivindicación permanente. Como, ya estamos otra vez a vueltas con lo mismo. Eso ha ido produciendo que cada día sea menor la participación en las elecciones, pues el grado de saturación es tal, que muchos ya aborrecen solo de oír la palabra elecciones.

Pero claro eso pasa, porque no son consciente que hay mucha gente que vive a cuenta de *ese pastel*. Y por lo tanto si no estuviesen en la reivindicación permanente se les acabaría el chollo.

Y prueba de ello es, que muchos de esos que en sus tiempos de política espoleaban a la ciudadanía, con reivindicaciones de clase proletaria, una vez retirados, viven plácidamente como burgueses.

Un país con un gran patrimonio cultural

Aunque por la cantidad de subdivisiones administrativas que tiene el país en todos los sectores pueda dar la impresión que se trata de un país con dimensiones continentales, la verdad es que somos un país pequeño a nivel mundial.

Sin embargo a pesar de ser pequeño posee una riqueza cultural inmensa, con la particularidad de tener además del idioma nacional, otros idiomas regionales que enriquecen la nación. Pues ésta, se formó de dichos territorios. Con lo cual la suma de esa pluralidad cultural es lo que hace que resulte tan atractivo para los turistas.

Empero para eso somos uno de los primeros países del mundo en turismo, donde se funden las bellezas naturales de nuestras regiones con la amalgama cultural de todas ellas. Lo que permite poder disfrutar de una gran diversidad cultural. Es la suma de esos atractivos lo que hace el país atractivo a turistas de todos los rincones del mundo.

Pues aunque nos hayan tratado de minimizar nuestra trascendencia, menospreciando e inclusive ridiculizando nuestra aportación al orbe mundial, nuestro patrimonio ha quedado para la historia.

Por eso cuando abordamos distintos aspectos, encontraremos que grandes personajes de nuestra historia, fueron castellanos, catalanes, vascos, gallegos, aragoneses, andaluces, canarios, etc, etc. Aunando su esfuerzo por el bien común de todos.

Ojalá llegue el momento en que las sociedades catalana y vasca pueda volver a vivir en armonía y tolerancia. Sin que nadie tenga que esconder sus ideas por miedo a ser recriminado. Que tampoco haya ese clima de tensión constante que han conseguido inocular entre la población los independentistas.

Pues Cataluña que ha sido una región muy prospera en la tolerancia al que venía de fuera, ha tomado una deriva los últimos años de tal intransigencia, que hace señalar al foráneo como si fuese un apestado. De manera que solo la aberración de tener 8 apellidos catalanes, te puede asegurar tu catalanidad. Al igual que pasa en el País Vasco.

Un futuro mejor

Por lógica, somos muchos los que creemos que la coherencia se acabará imponiendo a la barbarie. Y que llegará un momento en que todos esos que son manipulados con la política del enfrentamiento, por idioma, cultura y particularidades regionales, se darán cuenta que no van a seguir jugando con ellos como arma arrojadiza.

En este país, donde las lenguas, que son vehículo de aglutinamiento, serán vehículos de cohesión en lugar de división como han sido empleadas por toda esa camarilla en este país llamado España. Pues todo el patrimonio que hace parte de este Estado es lo que nos enriquece con sus particularidades. Y en lugar de sumirnos en enfrentamientos absurdos, llegará un día en que nos sentiremos orgullosos de ello. Dejando a un lado, esos enfrentamientos regionales, como si no fuésemos todos, personas que valoran la cultura. Los países cuantas más lenguas hablan, más cultos son sus habitantes. Suerte tenemos de hablarse castellano, catalán, gallego y vasco. Al fin, superadas las injusticias del pasado, hemos salvaguardado dichas lenguas, mientras que otros países con mayor tradición democrática, no hacen absolutamente nada por sus lenguas minoritarias, abocándolas a la extinción.

Quizá por eso vivimos en uno de los países con mayor número de turistas del mundo, al comprobar los que nos visitan, que a pesar de ser un país pequeño, disponemos de una riqueza y patrimonio a nivel continental.

Tengamos la esperanza de que podamos convivir en paz, sin ser señalado como charnego o maketo. Sino que todos, como personas que contribuyen a la construcción de esas regiones, independientemente de cómo sean tus ideas políticas, de qué región provengas; etc.

Ese futuro llegará en que la riqueza cultural nos una cada vez más, en lugar de ser siembra de odio y confrontación.

Pues ya está bien de que nos muevan los políticos como si fuésemos títeres a su antojo. Es horrible observar como vapulean a las masas y éstas obedecen como borregos a los dictados de esos agitadores. Cuesta creer de verdad que el ser humano se sumerja en esas palabras. Como si no fuesen capaces de discernir que les están manipulando.

Por lo tanto el horizonte futuro hará, que veamos, que la lógica coherente se acabó imponiendo sobre la barbarie, egoísmo e intolerancia hacia el distinto, sobre aquellos que buscaron cavar trincheras que nos separasen cada día más con la confrontación. Para empobrecer esa sociedad multicultural que se forjó con los siglos.

Pues la verdad es que para ser un país relativamente pequeño, nuestros pueblos que lo componen, han demostrado una virulencia desatada. Con una reivindicación constante por distintos motivos, políticos, culturales, sociales; etc.

Pero quizá esa sea justamente la razón de nuestra riqueza a nivel mundial, que poseemos una colección de características que nos hacen atractivos a los ojos de los demás países.

De manera que cuando miremos para atrás respiremos con alivio de que un mundo futuro mejor nos espera, donde todo ese daño que se quiso hacer ha quedado desterrado.

Madrid, 31 de Diciembre 2020

A. Toledano de Diego

Mi vida ha transcurrido entre dos continentes, Europa y América, Madrid (España) y Rio de Janeiro (Brasil). Fruto de la emigración de mis padres, habiendo vivido parte de mi infancia y adolescencia allí. Siento un gran orgullo de expresarme en este maravilloso idioma llamado español. Ya que creo que es una entidad que atesoramos todos sus hablantes, frente a la pujanza de los medios en inglés. Presente en los cuatro continentes, mantenerlo vivo y fuerte es cosa que se corrobora en que cada día hay más número de hablantes en el mundo e interés por su aprendizaje.

Quiero dejar un matiz, que es una pena que los hispanohablantes de los EEUU, muchos de ellos se sientan acomplejados de nuestra hermosa lengua. Y se avergüencen de mantener su entidad. Produce tristeza observar como hay padres que les hablan a sus hijos únicamente en inglés, ya que estos desconocen nuestro hermoso idioma. Como si quisieran desterrar cualquier rastro que les identifique como hispanos. Como si fuesen ciudadanos de segunda categoría. Cuando deberían estar orgullosos de hablar uno de los idiomas más ricos de la literatura universal.

Siempre sentí interés por escribir, como forma de plasmar mis pensamientos. Pero por diferentes avatares de la vida lo fui posponiendo. Ahora ha llegado el momento de dar rienda suelta a la fluidez de ideas, dejándolas escritas.

El autor

"Leer es una forma de enriquecernos como persona, a la vez de luchar contra el embrutecimiento a que nos lleva la forma de vivir actual. Donde la escala de valores altruistas ha pasado a ocupar el último lugar, ya que la primacía de lo material, nos ha hecho esclavos del dinero".